Stefan Winkelmeyr

Selbst Türen, Fenster und Tore einbauen

Compact Verlag

Alle Anleitungen wurden
sorgfältig erprobt - eine
Haftung kann dennoch
nicht übernommen werden.
Redaktion : Elisabeth Pokorny
Umschlaggestaltung: Inga Koch
ISBN 3-8174-2240-7
2222401

Ein Wort zuvor

Selbermachen - ein Hobby, das heute für Millionen zur sinnvollen Freizeitbeschäftigung geworden ist. Ob es sich nun um die gemietete Albauwohnung oder um die eigenen vier Wände handelt, mit etwas Geschick und einer fachmännischen Anleitung lassen sich oft verblüffende Ergebnisse erzielen: bei kleineren Reparaturen, beim Renovieren und Verschönern und beim Um- und Ausbauen.
Und Selbermachen bringt Spaß. Freude an der eigenen Arbeit, deren Ergebnis man Tag für Tag sehen und »bewundern« kann; es spart Geld, mit dem sich langgehegte Wünsche erfüllen lassen, und es macht unabhängig von Handwerkern, auf die man womöglich wochenlang und schließlich vergeblich gewartet hat.
Fachgeschäfte, Heimwerker- und Baumärkte versorgen den Hobby-Handwerker mit allen Werkzeugen und Materialien, die er braucht. Doch richtiges Werkzeug und Begeisterung allein reichen nicht aus. Unerläßlich sind eine gründliche Vorbereitung und Fachkenntnisse, wie eine Arbeit durchzuführen und was dabei zu beachten ist.
COMPACT PRAXIS **Selbst Türen, Fenster und Tore einbauen** zeigt, wie man´s macht. Mit wertvollen Tips und Tricks, die sich in der Praxis tausendfach bewährt haben. Jeder Arbeitsgang wird ausführlich Schritt für Schritt gezeigt und in Bild und Text erläutert. Übersichtliche Symbole zeigen auf einen Blick, mit welchem Schwierigkeitsgrad, welchem Kraft- und Zeitaufwand Sie bei jedem Arbeitsgang rechnen müssen, welche Werkzeuge Sie brauchen und wieviel Geld Sie durch Ihre eigene Arbeit einsparen können.

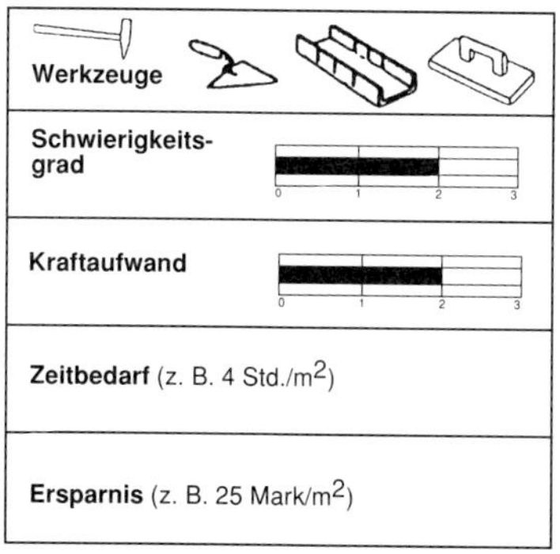

Und so stufen Sie sich richtig ein:

Schwierigkeitsgrad 1 — Arbeiten, die auch der Ungeübte ausführen kann. Es ist nur geringes handwerkliches Geschick erforderlich.

Schwierigkeitsgrad 2 — Arbeiten, die einige Übung im Umgang mit Werkzeug und Material erfordern. Es ist handwerklich durchschnittliches Geschick notwendig.

Schwierigkeitsgrad 3 — Arbeiten, die fachmännische Übung erfordern. Überdurchschnittliches Geschick ist erforderlich.

Kraftaufwand 1 — leichte Arbeit, die jeder bequem erledigen kann.

Kraftaufwand 2 — Arbeiten, die eine gewisse körperliche Kraft voraussetzen.

Kraftaufwand 3 — Arbeiten für kräftige Heimwerker, die keine »Knochenarbeit« scheuen.

Inhaltsverzeichnis

Planung und Genehmigung

1

2

3

Der Einbau von neuen Fenster an Ihrem Haus ist in der Regel genehmigungspfichtig, wenn das Aussehen oder, eventuell, wenn das Material geändert wird. Sonst genügt es, eine einfache vermaßte Skizze der entsprechenden Fassade dem örtlichen Bauamt einzureichen. Bei größeren Eingriffen und feststehenden Überdachungen wie auch Wintergärten muß meist ein Eingabeplan gezeichnet werden. Berücksichtigt wird dabei vor allem, ob durch die Einbauten die Privatsphäre des Nachbarn verletzt wird. Fenster in Mauern auf der Grenze zum Beispiel werden außer mit Erlaubnis des Nachbarn, meist nicht genehmigt.

Beim Dachausbau ergeben sich bei in der Dachfläche liegenden Fenstern keine Genehmigungsprobleme. Dachbalkone und Gauben werden auf ihre optische Einfügung in das Wohngebiet hin überprüft.

Erkundigen Sie sich vorab beim Bauamt, um eventuellen Schwierigkeiten vorzubeugen.
Größe, Material und Anordnung der neuen Fenster oder Türen sollte zu den bestehenden Bestandteilen des Gebäudes passen. Türen und Fenster können im Normalfall nicht selbst hergestellt werden. Neben der breiten Palette an **Fertigprodukten** besteht natürlich bei Holzfenstern die **Maßanfertigung** durch eine Schreinerei. Denken Sie auch rechtzeitig an Wärmeisolierung, Schallschutzmaßnahmen, Brandschutzvorschriften und Sicherheitsaspekte. Vergessen Sie nicht Ihre Inneneinrichtung. Neue Fenster und Türen verändern den Raum!
Ein sehr wichtiger Punkt ist die Statik. Beim Herausbrechen von bestehenden Mauerteilen für Türen oder Fenster müssen Sie vorab klären, ob es sich um tragende Wände handelt, bzw. wie groß der Ausbruch sein darf. Am besten setzen Sie sich mit dem **Statiker** oder **Architekten** Ihres Hauses in Verbindung, der Ihnen schnell und kostengünstig die notwendigen Berechnungen durchführen kann. Gegebenenfalls müssen Sie einen Sturz in geeigneter **Tragfähigkeit** einziehen. Prüfen Sie auch, ob sich innerhalb des Mauerstückes, das Sie herausnehmen wollen, Elektro-, Antennen-, Wasser- oder Abwasserleitungen befinden. Diese sind natürlich dann vorher an anderer Stelle zu verlegen.

Glas sorgt für Licht im Haus

Seit über 7000 Jahren kennt der Mensch den Werkstoff Glas. Aus natürlichen, unbegrenzt vorhandenen Rohstoffen hergestellt, ist der umweltfreundliche und recyclebare Werkstoff aus unserer Wohn- und Lebenskultur nicht mehr wegzudenken. Glas bietet Schutz vor Kälte und Wärme, trennt Außen- und Innenraum, schützt vor Lärm und - bringt das Tageslicht in die Wohnräume.

Durch die moderne industrielle Glasverarbeitung sind in den letzten Jahrzehnten eine Reihe von hoch qualitativen **Glaswerkstoffen** entwickelt worden, die den verschiedensten Einsatzbereichen genügen. Wir kennen alle die verspiegelten Glasfassaden von Hochhäusern, die gewagten Glaskonstruktionen, die transparente Glaspyramide am Louvre in Paris bis hin zum gläsernen Wintergarten am Wohnhaus.

Glasarten, Eigenschaften und Anwendungsbereiche

Einfachglas, als glatte Spiegelglasscheibe oder oberflächenstrukturiertes **Gußglas,** kennen wir als normale Glasscheiben, wie wir sie zum Beispiel für Bilderrahmen, Spiegel, im Möbelbereich, als Trennwände in Stärken von 2 bis 19 mm verwenden. Es genügt nur geringen Sicherheitsansprüchen und springt beim Bruch in scharfkantige Scherben. Einfachgläser sind auch in ganz verschiedenen Einfärbungen der Glasmasse erhältlich.

Gußglas verbindet die Eigenschaft Sichtschutz mit hoher Lichtdurchlässigkeit. Die Durchsichtsminderung wird in vier Klasssen eingeteilt (Klasse I: Gegenstand in 30 cm Abstand hin-

1

1

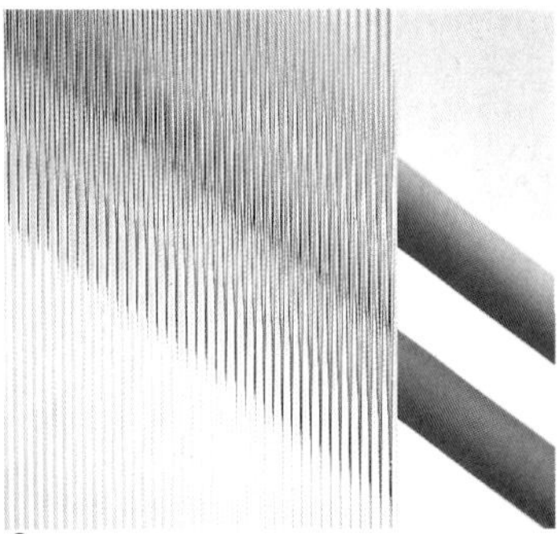

2

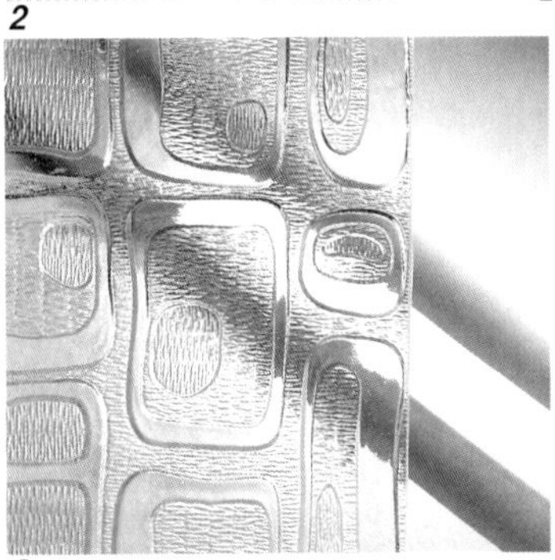

3

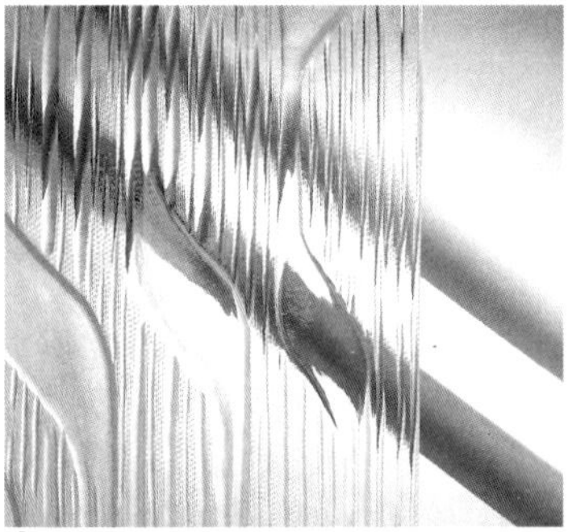

4

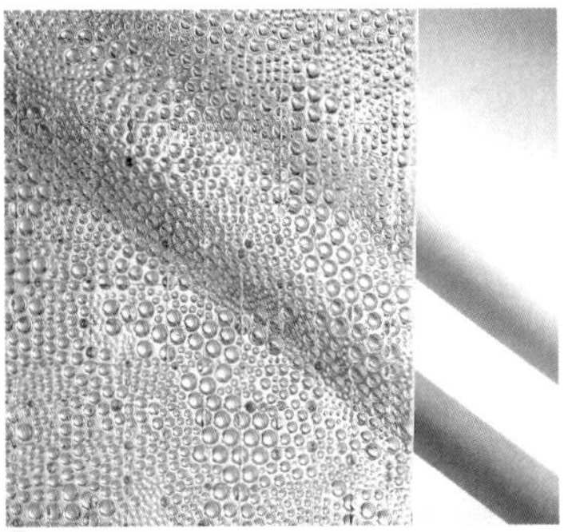

5

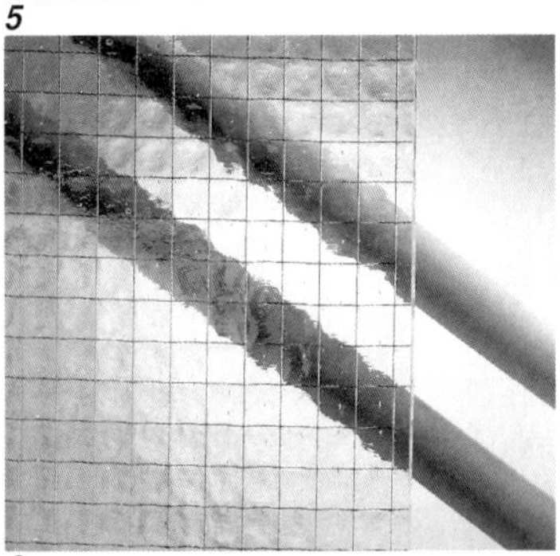

6

ter Glas gut erkennbar; Klasse IV: in 30 cm Abstand nicht mehr erkennbar). Außerdem entsteht aufgrund der Strukturierung eine veränderte Lichtstreuung und -lenkung. Gezielt eingesetzt, bringt es Licht auch in ansonsten dunklere Raumbereiche.

Wenn Sie mehrer dieser Strukturgläser neben- oder übereinander einbauen, berücksichtigen Sie bei der Bestellung den gewünschten durchgehenden Strukturverlauf.

Einige Beispiele für Oberflächenstrukturen von Gußglas: unregelmäßig gekörnt (***1***), längs gerippt (***2***), mit zellkernartigem Ornament (***3***), blattähnlich geschwungen (***4***), verschieden groß gepunktet mit Drahteinlage (***5***) und das sogenannte **Drahtglas** (***6***) mit welliger Oberfläche und quadratischem Drahtgeflecht.

Durch die Einlage aus Stahldraht wird das Glas wesentlich widerstandsfähiger und kann im Gegensatz zu anderen Einfachgläsern auch im Überkopfbereich (z. B. Überdachung Hauseingang, Terrasse) eingesetzt werden. Beim Bruch bleiben die Glasscherben im Drahtgeflecht hängen, wodurch Verletzungen durch herabfallende Scherben verhindert werden.

Das **Einscheibensicherheitsglas** (ESG-Glas) wird durch ein spezielles Herstellungsverfahren extrem gehärtet. Es ist schlagsicher und hält auch Ballwürfen stand. Beim Bruch zerfällt es in stumpfkantige Glaskrümel, wie wir es vom Zerbersten einer Autofrontscheibe her kennen. Wichtig ist, daß alle Veränderungen wie Bohrungen und Ausschnitte vor dem Härten ausgeführt werden müssen.

Beim **Verbundsicherheitsglas** (VSG) werden zwischen zwei oder mehreren Spiegelglasscheiben transparente oder andersfarbige Kunststoffolien eingefügt. Beim Bruch der Scheibe bleibt das Glas an der sehr reißfesten Folie hängen, wodurch die Verletzungsgefahr sinkt.

In den meisten Wohnhäusern wird bei den Fenstern das einfache **Isolierglas** eingesetzt.

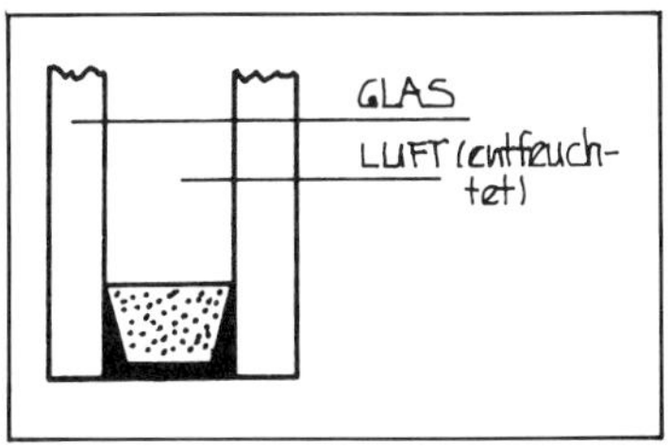

Es besteht aus zwei Glasscheiben im Abstand von 10,5 bis 16 mm. Der Zwischenraum ist rundum abgedichtet und mit entfeuchteter Luft gefüllt. Dadurch wird ein "Schwitzen" der Fenster, wie wir es noch von den doppelflügligen Rahmen her kennen, verhindert. Daneben gibt es noch eine Reihe von Varianten, die einen höheren Wärmedämmwert erreichen und/oder zusätzlich Schallschutz-, Sonnenschutz-, Brandschutz- oder Sicherheitsaspekten genügen. Isolierglas wird meist auf Maß Ihren Anforderungen nach gefertigt..

Eine Variante mit guter Schall- und Wärmedämmung ist der **Glasbaustein.** Er besteht aus zwei miteinander verschmolzenen Teilen mit einem luftdicht abgeschlossenen Hohlraum. Beim Herstellungsprozeß entsteht im Innenraum ein teilweises Vakuum, wodurch Tauwasserbildung verhindert wird. Er ist sehr schlag- und stoßfest.

7-9. Je nach Ausführung sind die Oberflächen der Glasbausteine durchsichtig, eingefärbt, lichtrichtend oder mit Ornamenten versehen. Sie sind in verschiedenen Größen erhältlich.

7

8

9

Holz - vielseitig verwendbar

1

2

3

1. Das im Fenster am häufigsten verwendete Vollholz ist die einheimische **Fichte** oder **Kiefer.** Diese Hölzer sind relativ preiswert. Sie lassen sich gut verarbeiten und sind sowohl im Innenbereich wie auch im Freien einsetzbar.

2. Für Garagentorbeläge zum Beispiel gibt es im Handel eine Vielzahl von verschiedenen **Profilbrettern.** Wichtig ist, daß die Bretter auch für den Außenbereich geeignet sind. Nehmen Sie lieber Bretter erster Wahl, um Verzug und ungleichmäßiges Schwinden weitgehend zu vermeiden.

3. Durch die breite Palette der **Lasuren** kann Fichte und Kiefer gut eingefärbt werden. Selbst Töne von tropischen Hölzern wie Teak oder Palisander lassen sich täuschend echt nachahmen. Unbehandelte Hölzer werden zweimal mit einer Lasurschicht versehen. Alle zwei Jahre sollte man den Anstrich auffrischen, um die Verwitterung des Holzes zu verhindern.

Neben dem Schutz durch Lasuren können Sie die Holzfenster auch mit **Lack** streichen. Eine Behandlung mit **Blaufäuleschutz** verhindert nachträglich Farbveränderungen. Nach der Grundierung lassen sich verschiedene **Farbtöne** Ihrer Wahl aufspritzen oder -streichen. Verwenden Sie nur hochwertige Lacke, die der Witterung standhalten und nicht reißen. Eindringendes Wasser führt zur Fäulnis des Fensterstockes.

Immer noch werden bei uns die sehr witterungsbeständige Hölzer wie **Teak, Palisander** oder **Mahagoni** im Hausbau verwendet. Aufgrund der Ausbeutung der Regenwälder mit der damit verbundenen globalen Umweltschädigung sollte auf deren Einsatz wenn möglich verzichtet werden.

Neben Vollhölzern gibt es eine Reihe von **Holzverbundwerkstoffen:**

Span- und MdF-Platten (Mitteldichte Faserplatten) sind verleimte Holzspäne mit unterschiedlicher Faserlänge und Verdichtung. Sie sind weitgehend verzugsfrei. Beide sind auch wasserfest erhältlich. Verschiedene Kunststoffenster und Türenfabrikate sind mit einem

Spanfaserholzkern ausgestattet. Tischlerplatten bestehen aus einem stabverleimten Vollholzkern mit zwei Deckfurnierschichten. Sie sind leichter als Spanplatten gleicher Größe und sehr bruchsicher und verzugsfrei. Meist werden sie im Innenausbau mit einem hochwertigen Furnier beschichtet.

4. Im Freien lassen sich auch die schichtverleimten und wasserfesten **Multiplexplatten** aus mehreren quer- und längsverlaufenden Buchen- oder Birkenholzschichten einsetzen. Durch die kreuzweise angeordnete Faserrichtung bleiben die mit wasserfestem Kleber verbundenen Furnierschichten äußerst formstabil.

5. Für Türblätter werden oft **Furniere** verwendet. Furniere sind dünne Holzschichten, meist von edleren Hölzern wie Kirsche oder Birne, Nußbaum oder tropische Hölzer. Sie werden auf zwei Arten hergestellt: Beim Säge- und Messerfurnier werden vom Stamm waagrecht dünne Schichten abgenommen. Man erhält schmale Furnierbahnen. Beim Schälfurnier wird der Stamm gedreht. Mit einem Messer wird rundum das Furnier abgeschält. Dadurch entstehen breite Furnierbahnen. Beim Furnieren von Türblättern lassen sich damit stoßfreie Maserungsflächen erzielen. Furnierte Flächen werden meist farblos lackiert oder gewachst.

6. Für nicht sichtbare Unterkonstruktionen, z. B. beim Einbau eines Dachfensters, können Sie **Fichtenbretter, -leisten** und **-balken** verwenden. Die meisten Standardprofilquerschnitte können Sie bereits zugeschnitten und kostengünstig im Sägewerk oder Baumarkt kaufen. Sonderformate können Sie sich dort in relativ kurzer Zeit zuschneiden lassen. Wenn die Bretter gehobelt werden sollen, müssen Sie das exakte Endmaß angeben. Bei tragenden Konstruktionen müssen Sie statische Belastungsgrenzen berücksichtigen. Der Sägewerksmeister ist Ihnen dabei sicherlich behilflich.
Bei der Herstellung von Fertigfenstern, -türen und Fensterbänken mit Innenraum wird Holz noch in verschiedensten Werkstoffkombinationen eingesetzt. Z. B. durch die Vermengung mit verschiedenen Kunststoffen wird versucht, den jeweils optimalen Werkstoff zu finden.

4

5

6

Die Verwendung von Metallen

1

2

3

Die Verwendung von Metallen und Metallhalbzeugen ist bei Tür und Fenster nicht wegzudenken.

Stahl

1. Stahl wird als Baustahl für tragende Konstruktionen verwendet. In Stürzen sind meist Rundstahlgeflechte eingelassen, die die Zugkräfte abfangen. Mit Doppel-T-Trägern, Rund- oder Vierkantsäulen können Stützpfeiler konstruiert werden. (Die notwendigen Profilquerschnitte müssen der statischen Berechnung entsprechen.)
Garagentorrahmen, Fensterrahmen, z.B. beim Wintergartenbau, Brandschutztüren und Sicherheitseingangstüren sind meist aus Stahl oder besitzen einen Stahlplattenkern. Im Außenbereich wird Stahl verzinkt oder durch einen Schutzanstrichaufbau, mit Einbrennlackierung oder Kunststoffbeschichtung, vor Korrosion geschützt.

Aluminium

2. Das Leichtmetall Aluminium wird in vielfältigen Profilvariationen hergestellt. Neben Fenster- und Türrahmenkonstruktionen werden Garagentorbeläge, Jalousien, Geländer, Fensterbretter, Tür- und Fensterbeschläge angeboten. Oft wird das Aluminium durch Eloxieren, dem elektrochemischen Auftragen einer Oxidschutzschicht, in verschiedenen Farben (z.B. bronze-, silber-, kupferfarben) vor Korrosion geschützt. Daneben sind Beschichtungen mit Kunststoffen und Edel- oder Buntmetallen sowie Lackierungen (mit Sondergrundierung!) in den verschiedensten Farben möglich.

Buntmetalle

Kupfer, Messing und die Legierung Bronze werden meist nur für die Herstellung oder Oberflächenbeschichtung von Beschlägen eingesetzt. Der Werkstoff Kupfer findet wegen seinem natürlichen Korrosionsschutz außerdem Verwendung bei Abdeckblechen und Torbelägen.

Blei

3. Doppel-T- und U-Profile in unterschiedlichen Breiten und Bleibleche dienen als Verbindungsschienen und Randleisten bei bleiverglasten Fenstern. Zur Stabilisierung können in die senkrechte Wandung der Profile auch Stahlbänder eingebunden sein. Der weiche, leicht toxische Werkstoff läßt sich gut mit Zinn verlöten.

Kunststoff im Einsatz

Unter dem Oberbegriff **Kunststoff** sind eine Vielzahl von verschiedenen Werkstoffen zusammengefaßt. Neben der reinen Verwendung von Kunststoffen werden auch **Verbundwerkstoffe** eingesetzt. Die einzelnen Grundstoffkombinationen sind meist durch die Firmen geschützt.

Allgemein werden eine Reihe von Qualitätsansprüchen an die Kunststoffe gestellt: form- und verwindungsstabil, witterungsbeständig, farb- und lichtecht, d.h. vergilbungsfrei, und nicht zuletzt angenehm in der Oberflächenbeschaffenheit.

1. Im Türenbau werden Türblatt und Rahmen mit **Kunststoffplatten** beschichtet. Die Patelle reicht von Holzfurnierimitaten bis zu verschiedensten Farb- und Strukturvarianten. Bei Fensterbänken findet man auch häufig Nachahmungen von Stein wie Marmor oder Granit. Für Garagentorbeläge werden Kunststoffpaneelen z.B. als Holzersatz angeboten.

2. Technisch sehr ausgereift stellen heute **Fenster aus Kunststoff** eine Alternative zum klassischen Holzfenster dar. Sie werden in vielfältigen Formen, Größen, aktuellen Farben und Strukturen angeboten. Sie zeichnen sich durch eine hohe Lebensdauer ohne Nachbehandlung, wie sie bei Holz notwendig ist, aus.

3. Ein breiter Markt besteht derzeit auch für **Beschläge aus Kunststoff**. Der Vorteil dabei ist, daß die Beschläge in aktuellen Farben aus durchgefärbtem Kunststoff gefertigt werden und dadurch Oberflächenabrieb nicht sichtbar wird. Meist wird das ganze Spektrum von Tür- über Fenstergriff bis zum Briefkasteneinwurf in verschiedenen Varianten angeboten. Nicht zu vergessen ist auch der lang bewährte Einsatz des Kunststoffes beim Rolladen- und Jalousienbau.
Daneben kommen Kunststoffe noch in den verschiedensten Einbaubereichen zum Einsatz. Man denke dabei nur an die unterschiedlichen Isolier- und Dichtungsmaterialien wie Silicon, Acryldispersion oder Polyurethanschaum, Styropor, Schaumstoff. Wichtig sind auch die **Dichtungsprofile** aus Gummi in Tür- und Fensterrahmen.

1

2

3

Türen und Tore

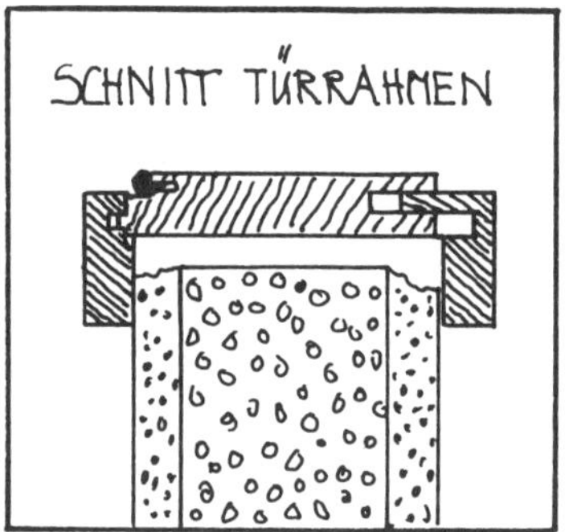

1

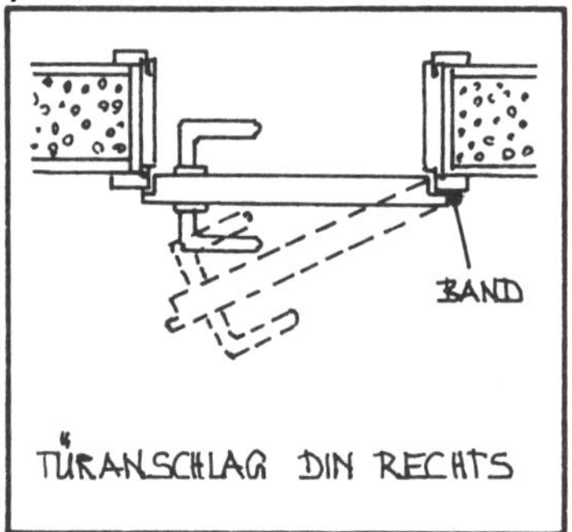

2

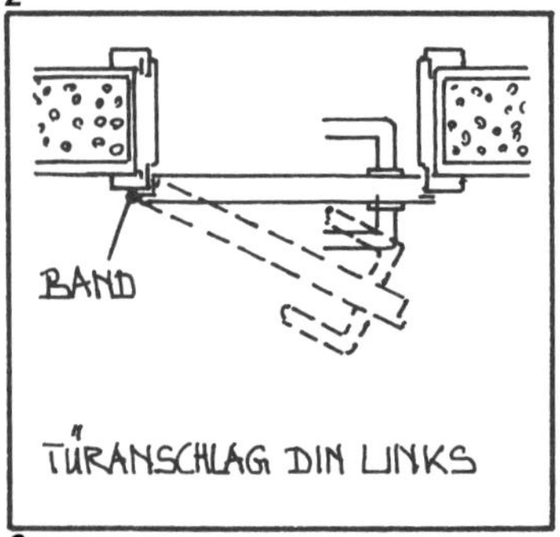

3

Rund um die Tür gebraucht der Fachmann eine Reihe von speziellen Begriffen:

Über der Maueröffnung sitzt der **Türsturz**, eine mit Stahl verstärkte, das darüberliegende Mauerwerk tragende Konstruktion. Die linke und rechte Mauerwand der Türöffnung wird **Laibung** genannt.

1. Das **Türblatt** ist der bewegliche Flügel. Es wird mit Scharnieren, Fachbegriff **Türbänder**, am **Futter** befestigt. Sie sind meist so angebracht, daß sowenig wie möglich sichtbar bleibt. Das Futter, das Laibung und Sturz abdeckt, und die **Bekleidung**, die außen und innen den Übergang von Futter zur Wand abdeckt, sind die Bestandteile des Türrahmens. Sie sind gegebenenfalls unten durch die **Türschwelle** verbunden. Bei Stahltürrahmen sind Bekleidung und Futter aus einem Stück. In diesem Fall spricht man von einer **Zarge.**
Im Türblatt eingelassen ist das Schloß mit den Bohrungen für Drücker und Schlüssel. Im Rahmen befindet sich das Schließblech mit den Aussparungen für Riegel und Falle. Für Türen gibt es DIN-Vorschriften für das Rohbaumaß. Der **Mauerausschnitt** ist dabei ein Vielfaches von 125 mm, was sich aus den gebräuchlichen Mauersteinmaßen ergibt. Die gebräuchlichen Höhen des Türausschnittes sind daher 187,5 cm und 200 cm, in einer Breite zwischen 62,5 und 100 cm für einflügliche Türen und bis zu 200 cm für zweiflügliche Durchgänge. Fertigtüren passen entsprechend genormt zu den angebenen Rohbaumassen. Wichtig ist das Maß der vorhandenen Wandstärke incl. Putz. Danach richtet sich das Maß der Laibung.

2.,3. Türen werden entweder rechts oder links angeschlagen. Befinden sich die Bänder sichtbar an der rechten Seite, wenn Sie die Tür auf sich zu bewegend öffnen, spricht man von einer rechts angeschlagenenTür. (Links anschlagend entsprechend umgekehrt). Ob rechts oder links anschlagend richtet sich nach der räumlichen Situation. Normalerweise gehen Zimmertüren in die jeweiligen Räume auf. Die **Anschlagwahl** orientiert sich aber auch nach der vorgesehenen Möbelierung. Bei bestimmten Räumen (z.B. in Gaststätten) ist es Vorschrift.

Fertigtüren

4.,5. Fertigtüren gibt es in zahlreichen Formen, Materialien und Oberflächen. Schlichte Holzfurniertüren, mit eingebauten Glasflächen, mit Innenprofilen, Rundbögen, im klassischen Weiß oder farbig lackiert, Türen mit Seitenteilen, als stilvolle Doppelflügel oder elegante Schiebetür, Türen mit Oberlichte in Raumhöhe stehen neben Türen mit Kunststoffoberflächen und Sondertüren wie Stahltüren für Kellerräume.

Neben diesen ästhetischen Gesichtspunkten sollten aber noch andere Kriterien beachtet werden:

6. Die **Zierbekleidung** sollte in der Tiefe variabel einstellbar sein, damit Unebenheiten im Mauerwerk ausgeglichen werden können.

7. Durch verstellbare Bänder kann die Tür nach der Montage exakt justiert werden.

8. Die meisten Türen müssen aufrund unterschiedlicher Bodenbelagshöhen unten nachgeschnitten werden. Deswegen soll der Riegel am unteren Türab-

4

5

schluß gut bemessen sein, um beim Sägen nicht die Hohlkammern zu öffnen. Die Schließbleche und Schlösser sollten solide ausgeführt und exakt eingepaßt sein.

9. Unbedingt notwendig ist auch ein im Rahmen umlaufendes **Dämpfungsgummiprofil**, das einerseits Zugluft verhindert und andererseits das Schließgeräusch erheblich vermindert.

10. Türen müssen außerdem verschiedenen Anforderungen genügen: Lärmschutz, Klimaschutz, Brandschutz, Einbruchsicherheit, Kriterien, die durch Materialwahl und einem entsprechendem Aufbau des Türblatts z.B. mit einem Stahlkern oder durch die Verwendung von feuerhemmenden Materialien, und entsprechenden Profilquerschnitten (Doppelfalztüren) erfüllt werden können.

Für Renovierungszwecke wurden Türsysteme entwickelt, bei denen Stahlzargen mit einer neuen Holzzarge und Tür versehen werden können. Wichtig ist hier die genaue Berücksichtigung Ihrer Stahlzargenmaße. (Siehe hierzu auch S. 14!)

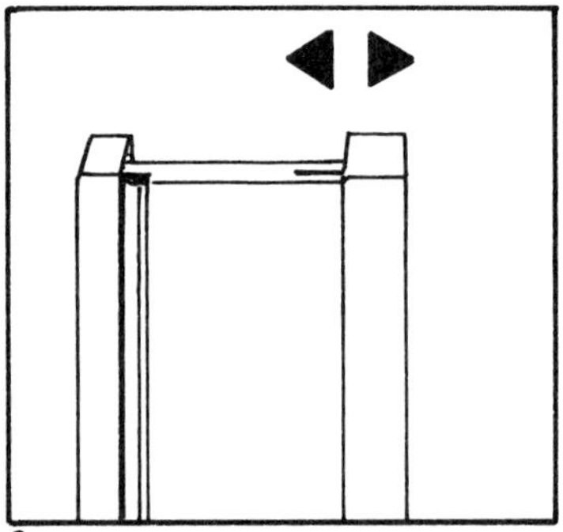

6

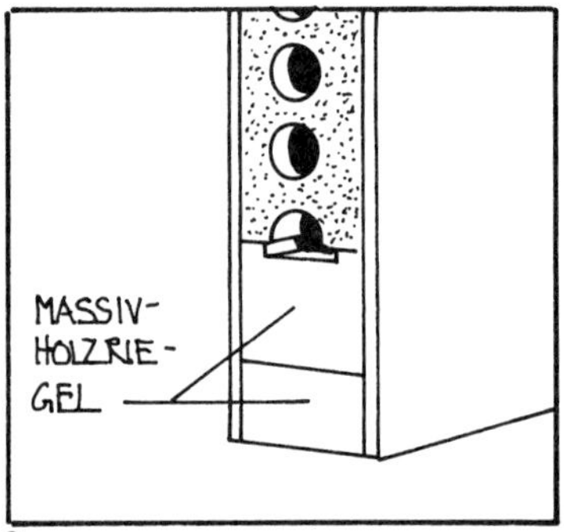

8

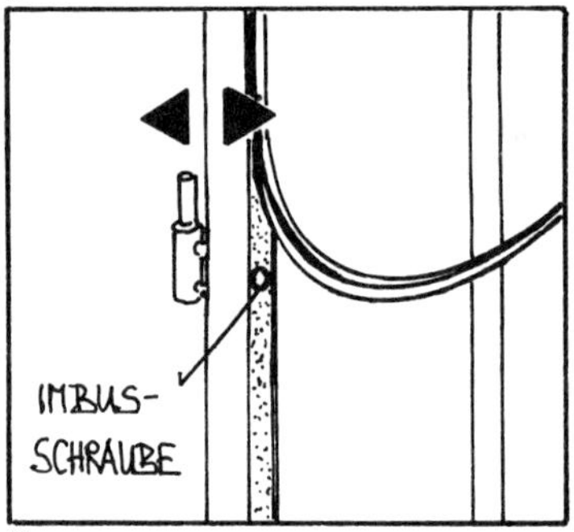

7

9

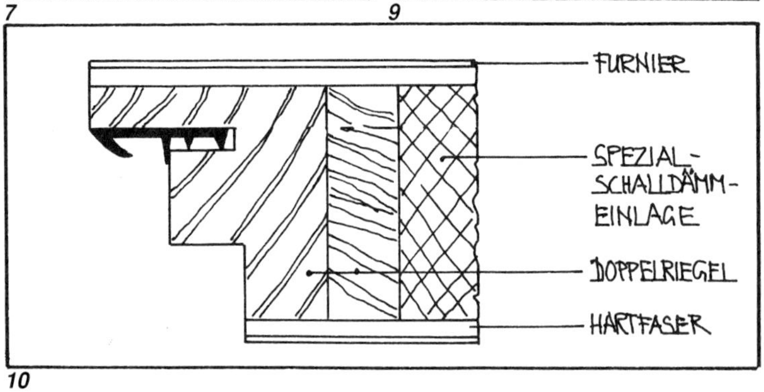

10

Garagentore

Garagentore lassen sich prinzipiell durch ihre Funktionsweise unterscheiden: Schwing- oder Kipptore, Decken- und Seitensectionaltore.

11. **Kipptore** werden beim Öffnen nach oben unter die Decke gekippt. Neben der Ausführung, bei der das Tor teilweise nach außen schwingt, gibt es solche, die innerhalb der Garagenmauer laufen. Bei diesen ist eine Führung durch Deckenlaufschienen auf jeden Fall erforderlich. Das Gewicht des Tores wird durch ein Ausgleichfedersystem erheblich vermindert. Bei richtig eingestellter Federspannung muß das Tor in jeder Position stehen bleiben. Die Tore können in der Laibung oder dahinter montiert werden. Eine Schlupftür kann in den Torbelag eingebaut werden.

12.,13. Ebenfalls nach oben geschoben werden **Deckensectionaltore**. Das Torblatt ist in mehrere Quersegmente eingeteilt. Seitensectionaltore werden einfach beiseite geschoben und laufen beim Öffnen an eine Seitenwand der Garage. Dies ist besonders vorteilhaft bei niedrigen Garagen oder großen Toren. Falls erforderlich kann das Tor auch getrennt nach links und rechts geöffnet werden. Der Einbau erfolgt generell hinter der Laibung im Garageninnenraum. Der Einbau einer Schlupftür ist bei Sectionaltoren aus technischen Gründen nicht möglich. Die Sectionaltore sowie das nicht nach außen schwingende Kipptor sind auch geeignet für Rund- oder Segmentbogentorausschnitte.

Der **Torbelag** wird in verschiedenen Materialien angeboten: verzinkte und lackierte Stahlbleche, eloxierte Aluminiumtafeln oder Kupferkassetten, Holz oder Kunststoffprofilbretter quer, senkrecht im Fischgrätmuster montiert.

Die **Montage** der Tore ist einfach und kann meist selbst ausgeführt werden. Geliefert werden die Tore auch ohne Belag, so daß Sie unter Berücksichtigung der möglichen Belagsdicke und des Gewichts Ihr Tor auch selbst belegen können.
Garagentore sind in Breiten ab 2,25 bis über 5 m in Höhen bis über 3 m und in verschiedenen Normgrößen lieferbar.

11

12

13

14

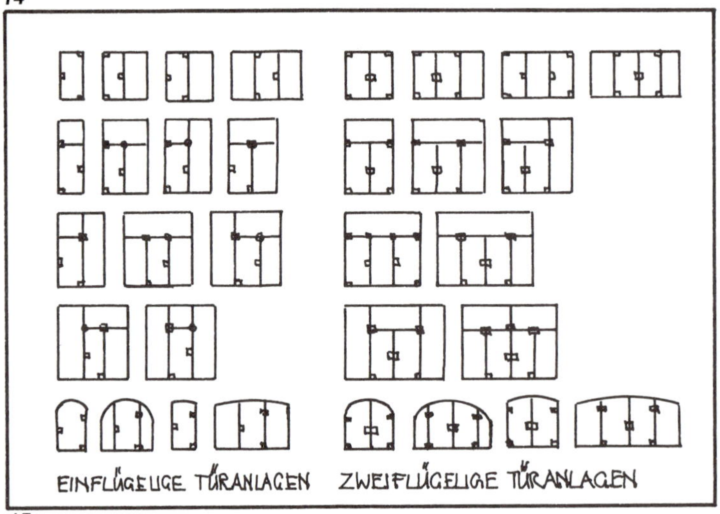

15

Glastüren

14. Eine lichte Variante auf dem Türensektor ist die **Vollglastür** aus Einscheibensicherheitsglas (ESG), das besonders schlag- und stoßfest ist und bei Bruch in kleine Krümel zerfällt, wodurch Verletzungen ausgeschlossen werden. Für die Befestigungsteile und den Türgriff müssen Bohrungen vorgesehen werden, deren Lage bereits bei der Bestellung exakt angegeben werden muß. Dafür ist auch die Auswahl der entsprechenden Beschläge notwendig. Nach dem Vorspannprozeß des Glases sind nämlich keine Eingriffe ins Glas mehr möglich. Die Glastürblätter können klar oder z.B. rauchfarben sowie verschieden strukturiert sein. Eine Rahmenkonstruktion aus Holz oder Stahl kann verwendet werden, ist aber z.B. bei Pendeltüren nicht notwendig. Die Aufhängung der Tür kann seitlich oder oben und unten erfolgen.

15. Von der einflügligen Tür, mit Oberlichte - und Seitenflächen -, als Rund- oder Segmentbogen, zwei- oder mehrflüglig bis hin zur ganzen Fassade kann mit Glas gestaltet werden.

Kleine Fensterkunde

Fenster lassen sich nach ihrer Funktionsweise unterscheiden. Je nach Einsatzbereich, Größe und persönlichen Vorlieben kommen verschiedene Öffnungsarten in Frage.

1. Die im Wohnbau am häufigsten eingesetzte Variante ist das **Drehkippfenster**, das sowohl ganz geöffnet als auch gekippt werden kann. **Kippfenster** werden meist in Treppenhäusern, Kellerräumen oder an Stellen eingebaut, an denen ein ganz geöffnetes Fenster nur stören würde. Bedenken Sie aber immer auch die Notwendigkeit, daß Fenster von innen und von au-

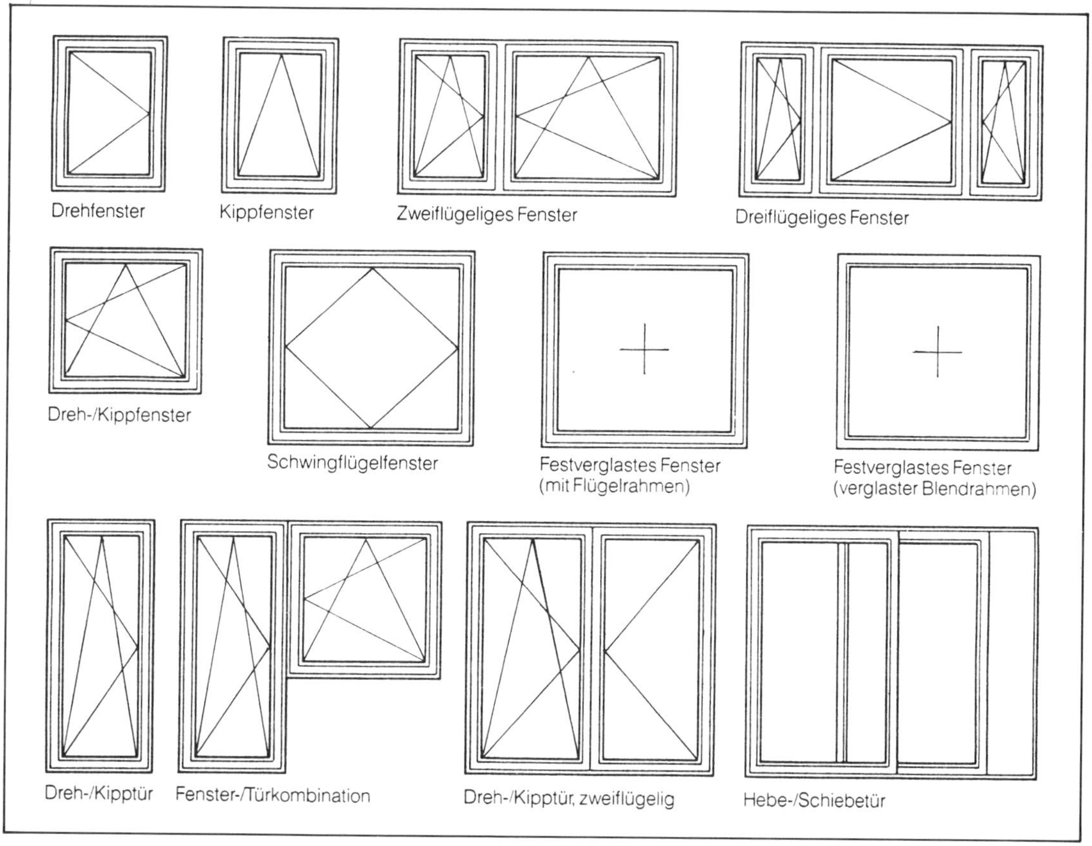

1

ßen leicht zum Putzen zugänglich sein sollen. Der **Schwingflügel** wird oft bei großen Fenstern z.B. in Schulräumen eingebaut. Das Fenster schwingt dabei um die senkrechte oder waagrechte Mittelachse.

Blumen- oder große Treppenhausfenster sowie bestimmte Teile des Wintergartens sind oft **festverglast**, d.h. sie lassen sich nicht öffnen. Hierfür können normale Flügelrahmen ohne Öffnungsbeschläge verwendet werden. Sie passen sich in ihrer Form den übrigen Fenstern an. Bei einzelnen Fenstern reicht meist der einfach profilierte **Blendrahmen.**

Fenstertüren lassen sich meist auch kippen und natürlich um eine senkrechte Achse drehen. Für Fenster gilt übrigens das Gleiche wie für Türen: Sie können rechts oder links angeschlagen sein! Große Fenstertüren werden meist mit einem **Hebe-/Schiebemechanismus** ausgestattet. Grund dafür ist die große Hebelwirkung auf die Scharniere beim Drehen. Außerdem würden solche Türen im geöffneten Zustand sehr weit in den Raum ragen.

2. Neben diesen gewöhnlichen Fensterformen ist eine Vielzahl von Sonderformen möglich. Hohe Fenster, z.B. in Altbauten mit hohen Räumen, sind meist, quer abgetrennt, mit einer Oberlichte versehen. Bei tief liegenden Einbauten kann der Flügel auch im unteren Drittel abgetrennt sein. Bei Giebeln werden oben schräg laufende Fenster eingesetzt, die der Dachneigung folgen. Mit Sonderformen wie Kreis oder Oval können sehr reizvolle optische Akzente gesetzt werden.

In Erkern und Häusern im Landhausstil erfreuen sich auch **Rund- oder Sectionalbogenfenster**, oft mit Sprossen versehen, besonderer Beliebtheit. Dabei können die Sprossen zur op-

2

tischen Gestaltung nur innen, außen, innerhalb der Isolierverglasung oder auf beiden Seiten aufgesetzt oder Bestandteil des Flügelrahmens sein. Beim letzteren wird dann die entsprechende Zahl von Scheiben eingesetzt. Neben der großen Anzahl von genormten Fertigfenstern können Sie auch jedes beliebige Maß und Format bestellen. Orientieren Sie sich aber an den üblichen Rohbaumaßen, wie für Türen auf S. 14 beschrieben.

3. **Holzfenster** werden entweder bereits imprägniert oder lasiert, verglast oder als Rohrahmen zur individuellen Oberflächengestaltung geliefert.

4. **Aluminiumfenster** sind meist eloxiert. Teilweise ist ein Holzkern eingelassen. Diese Fenster sind absolut witterungsbeständig und bedürfen keiner Pflege.

5. **Kunststoffenster**, meist aus witterungsbeständigem PVC, sind sehr verwindungsstabil, pflegeleicht und witterungsbeständig. Neben Vollprofilen aus Kunststoff sind verschiedene Kernmaterialien wie Stahl, Aluminium und Holz möglich (Verbundstoffenster). In verschiedenen Ausführungen sind Lüftungseinheiten und Rolladen mit dem Fenster kombiniert.

6.,7. Umlaufende **Dichtungsgummis** im Rahmen und am Stock verhindern unnötigen Wärmeverlust. Außen muß gegebenenfalls ein Wasserschenkel angebracht werden. Zierleisten schließen den Rahmen zur Mauer hin ab.

3

4

5

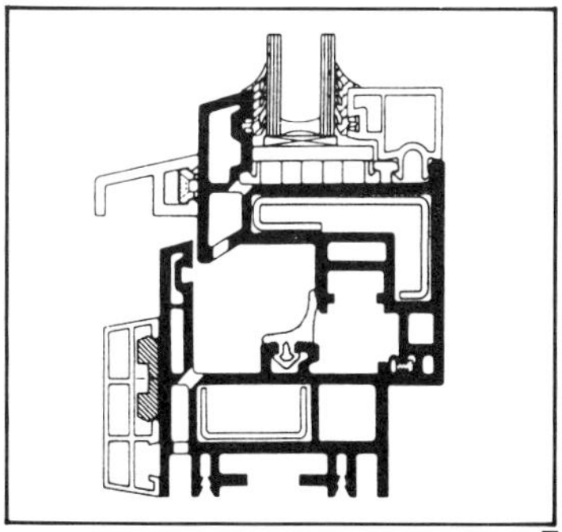

7

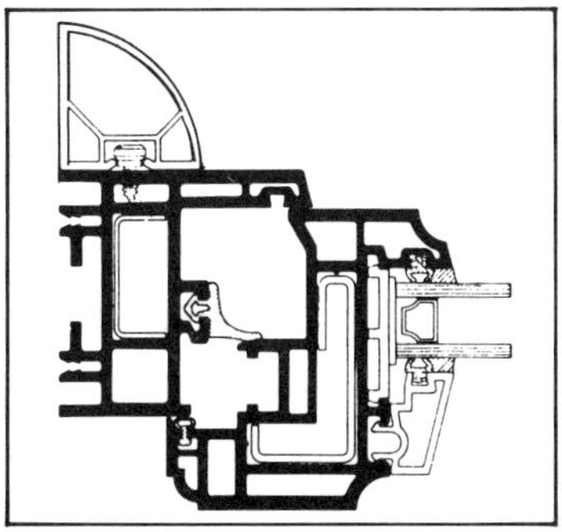

6

8

9

8.,9. Immer häufiger werden aufgrund der Wohnraumknappheit heute das Dachgeschoß und auch Kellerräume zu Wohnzwekken genutzt. Neben im Dach liegenden Fenstern stellen die Fensterproduzenten auch interessante Varianten wie bis an den Boden reichende Systeme, schräg oder an der Wand abgeknickt, als Rundbogen, integriert in einen Dachbalkon, mit einem ausklappbaren Balkon versehen, in verschiedenen Größen zur Auswahl. Auswahlkriterien für den jeweiligen Fenstertyp sind die vorhandene Gebäudekonstruktion, die gewünschte Raumeinteilung und die Bedienungsfreundlichkeit.

Das **Dachfenster** besteht aus dem Eindeckrahmen, der außen auf dem Dach montiert wird. Die Ausführung richtet sich u.a. nach der vorhandenen Dacheindekkung, damit ein paßgenauer Anschluß gewährleistet wird. Für flache Dächer kann auch ein Aufkeileindeckrahmen verwendet werden, wodurch eine um 10° steilere Fensterneigung erreicht wird.

10. Die Länge des Fensters bestimmt sich nach der jeweiligen

Dachneigung. Steilere Dächer erfordern kürzere Fenster, flache Dächer entsprechend längere.

11.,12. Für den Innenanschluß werden komplette **Innenfutter-systeme** angeboten. Die Futter sind auf das Fenster in Farbe und Formgebung abgestimmt.

13. Die Dachfenster können entweder von oben oder unten bedient werden. Bei tiefer liegenden Fenstern ist die Bedienung von oben auf jeden Fall vorzuziehen. Dachfenster werden entweder von unten nach außen gekippt, schwingen um eine waagrechte Achse oder können seitwärts auf das Dach geschoben werden. Teilweise sind auch Kombinationen angeboten.

14. Anstelle von Fenstern können Sie auch die Form der **Dachgaube** wählen. Gerade bei flachen Dächern entsteht dadurch eine zusätzliche Fläche im Dach.

15. Neben dem bewährten Stahlkellerfenster werden immer häufiger Holz-, Kunststoffenster, oder Laibungsfenster eingebaut, die den Raum optisch aufwerten. Siehe hierzu S. 84ff!

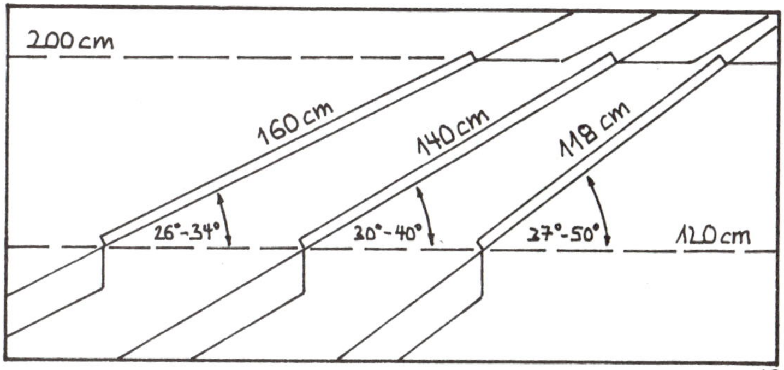

10

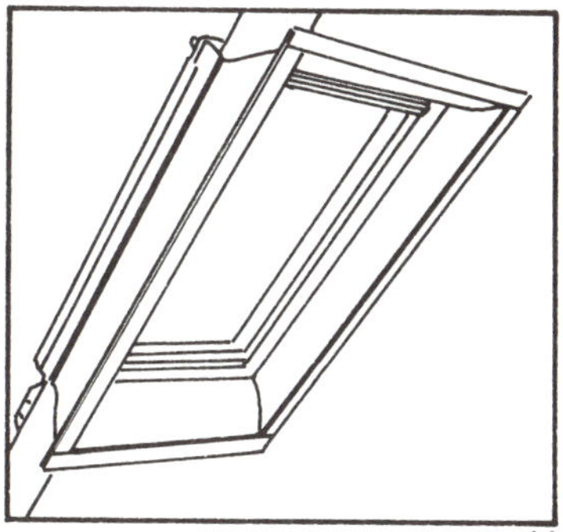

11

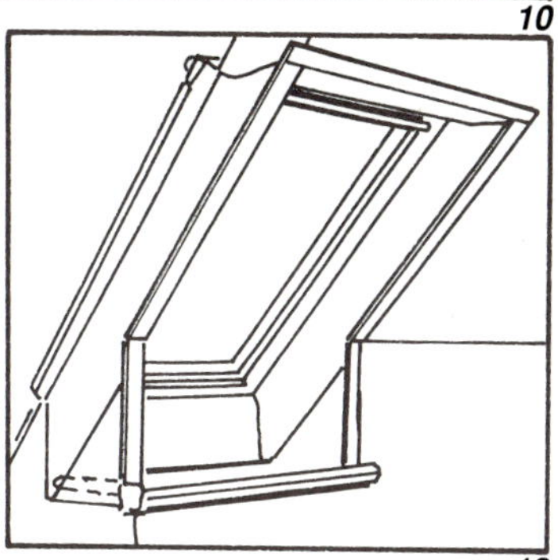

12

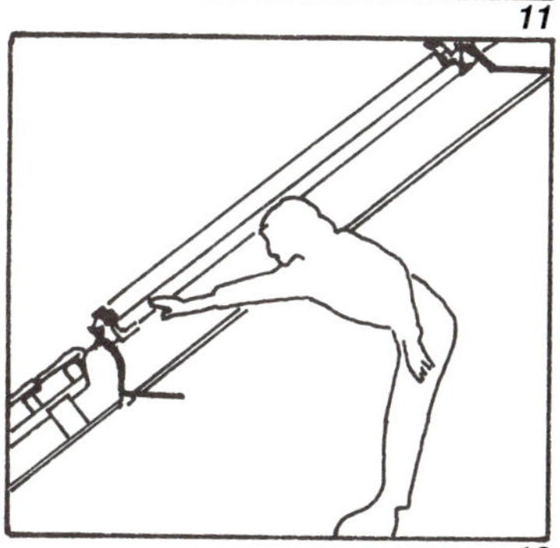

13

14

Rolläden, Fensterläden und Jalousien

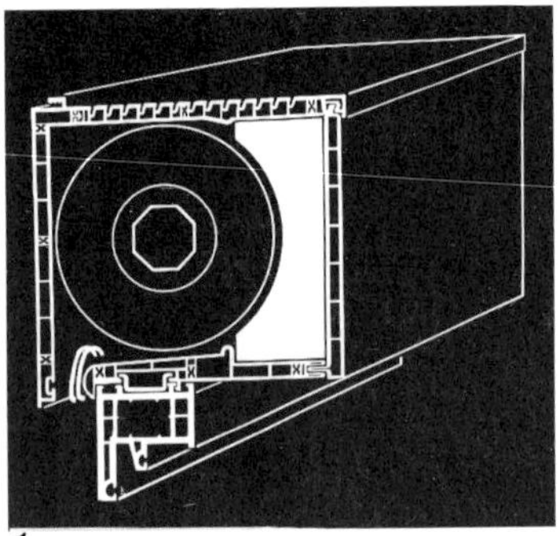

1

2

3

Als **Sichtschutz** bei Nacht aber auch zur zusätzlichen **Wärmeisolierung** werden heute in den meisten Häusern Außenrolläden aus Kunststofflamellen, mit oder ohne Lüftungsschlitzen, eingebaut. Sie werden in Aluminiumschienen am Fensterstock geführt. Der Rolladenkasten wird meist aus Ziegel, wenn notwendig mit Bewehrung als Sturzersatz, oder aus Holzwolleichtbauplatten hergestellt. Achten Sie auf eine gute Isolierung. Rolläden werden von innen mit einem Gurtband oder elektrisch bedient.

1. Für Fertigfenster aus Kunststoff gibt es aufsetzbare Fertigrolladenkästen in verschiedenen Höhen.

2. **Rolläden** lassen sich auch nachträglich anbringen. Der Kasten selbst wird dabei oben nach Maß auf den Fensterrahmen gesetzt, der Gurt durch den Fensterstock nach innen in die seitlich am Rahmen befestigte Rolle geführt.

3. Bei Haustypen wie dem Landhaus findet man meist **Fensterläden** in unterschiedlichen Formen. Neben dem Lamellenladen sind noch der Brettladen und der Füllungsladen gebräuchlich. Im Innenbereich lassen sich eine Reihe von Sicht- und Sonnenschutzeinrichtungen anbringen.

1. Die **Faltstores** in verschiedenen Farben werden nicht nur für Standardformate angeboten, selbst für halbkreisförmige Fenster oder Fenster mit schrägen Schenkeln findet man eine elegante Lösung. Freihängende Faltstores werden an der Decke, an der Wand, am Fenster selbst oder in der Fensternische montiert. Seitlich geführt sind sie bei Deckenfenstern möglich.

2. In Büro-, Geschäftsräumen und bei großflächiger Verglasung werden gerne **Lamellenvorhänge** aus Stoff, Aluminium oder einzelnen Ketten angebracht. Durch die Mechanik in der Laufschiene, die durch verschiedene Profile und Formen überall eingebaut werden kann, werden die Lamellen verstellt, entweder über einen Schnurzug oder bequem elektrisch mit Fernbedienung, was auch für die Faltstores gilt. Die Lamellen können wie die Raffrollos sogar am Glasdach eines Wintergartens angebracht werden.

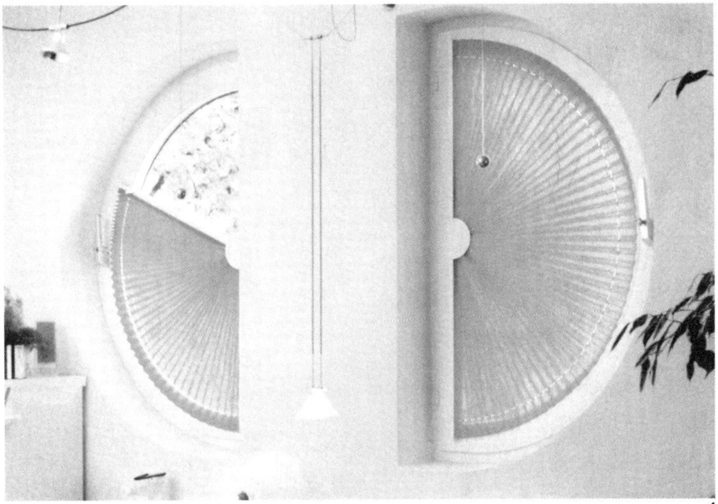

1

2

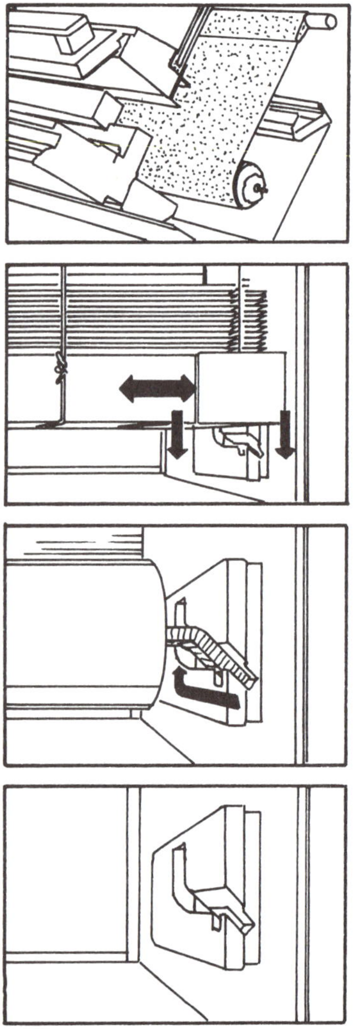

Jalousette

Außenmarkise

Gerade bei Dachfenstern ist es wichtig, Jalousien oder ähnliches anbringen zu können. Durch die schräge Fensterlage ist ein Schutz vor direktem Sonneneinfall gerade im Sommer unbedingt notwendig. Bei der Verwendung von **»Thermostop«-Varianten** kann das Licht in den Raum, die Hitze wird aber bis zu 70 % abgehalten. Gleichzeitig sorgen sie für eine Energieeinsparung im Winter von bis zu 30 %.

Dafür besitzen einige Fensterhersteller für die Anbringung von Jalousetten, Faltstores und Rollos bereits serienmäßig ein innen seitlich angebrachtes Einschubelement. Sie können wählen zwischen transparent, durchscheinend und verdunkelnd. Die **Verdunklungsrollos** werden wie die Faltstores seitlich in Schienen geführt, wodurch jeglicher Lichteinfall verhindert wird.

Außen können Rolläden und Markisen angebracht werden. Bei manchen Fenstervarianten ist ein Markisenkasten bereits in der Grundausführung mit integriert. Die Rolladengurtbedienung ist in die Sturzblende mit eingebaut.

Beschläge

1. Türbänder verbinden das Türblatt in verschiedener Scharniertechnik drehbar mit dem Rahmen. Meist läßt sich die Tür aushängen. Die Bänder werden eingesteckt oder aufgeschraubt.
Bei den Dreirollenbändern, die z.B. bei Haustüren eingebaut werden, halten Bolzen die Scharnierteile zusammen. Zum Aushängen der Tür muß der Bolzen herausgedrückt oder -geschlagen werden.

2. Neben normalen Drückergarnituren in verschiedenstem Design gibt es auch nur einseitig zu öffnende Griffe, die außen entweder mit einem Knopf oder einem feststehenden Griff versehen werden können. Die Garnituren sind aus Metall oder Kunststoff, in verschiedenen Farben und Oberflächenbeschichtung.
Glastüren werden oft als Pendeltüren ausgeführt. Die Lage der Lochbohrungen im Glas für die Griffe muß bereits bei der Bestellung angegeben werden. Die Scharniertechnik muß für Glastüren geeignet sein.

3.,4. Viele Hersteller bieten Fensteroliven und weitere Baubeschläge wie Türstopper passend zu den Türgarnituren an.

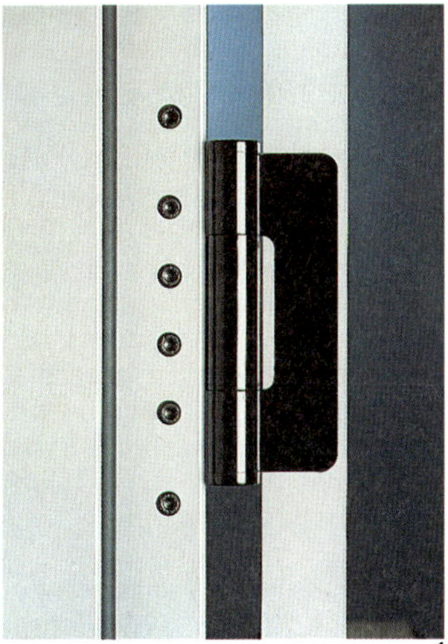

1

2

3

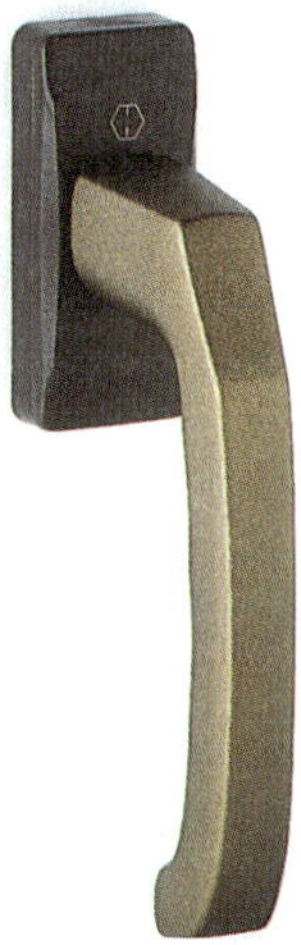

4

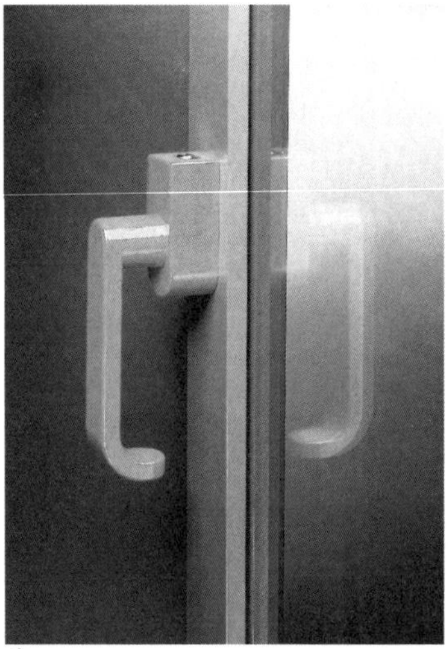
1

2

1. Die moderne Fensterbeschlagstechnik kommt heutzutage mit **einem** Fenstergriff, auch **Olive** genannt, aus. Die verschiedenen Funktionen sind also nicht mehr in einen Hebegriff, der das Fenster aus dem Falz hebt, und einen Kipp- und Drehgriff geteilt. Die Oliven werden aus Metall mit verschiedenen Oberflächen oder in verschiedenfarbigen Kunststoffen ausgeführt. Die Form der Griffe reicht von barock geschwungen bis zu Griffen in schlichtem Stil.

2. Ein außen am Fenster angebrachter **Knopf** oder **Winkelgriff** erleichtert das Zuziehen des Fenstertürflügels.

Wie die Fensterrahmen selbst zeichnen sich die Beschläge für die Kipp-, Dreh-, Schiebe- und Faltmechanismen aus. Die Auswahl der für Sie geeigneten Mechanik sowie der Einbau im Fensterstock und -rahmen kann meist nur vom Fachmann in der notwendigen Präzision gemacht werden. Interessant für den Heimwerker ist aber die Kenntnis von Ergänzungsteilen.

3. Bei eingebauten Innenjalousien und geringer Laibungstiefe kippt das Fenster manchmal zu weit in den Raum. Mit einem oben angebrachten **Kippweitenbegrenzer** läßt sich die Kippweite des Fensters auf 7 - 8 cm einschränken.

4. Bei einer eingebauten **Zuschlagsicherung** kann auch Zugluft das gekippte Fenster nicht zuschlagen.

5. Damit die Fenster beim Öffnen nicht gegen die Mauerlaibung schlagen können, kann unten ein **Drehbegrenzer** eingebaut werden, der den maximalen Öffnungswinkel festlegt. Durch die nachstellbare Bremse verleiht der Begrenzer zusätzliche Stabilität in jeder Stellung.

6. Auf der Höhe des Fenstergriffes, seitlich am Rahmen und Fensterstock angebracht, können Sie mit einem **Drehkippbegrenzer** vier Stufen, z.B. zur Regulierung der Frischluftzufuhr, den Öffnungswinkel einzustellen.

7. Beim **Spaltlüfter** hebt sich der Fensterflügel in einer bestimmten Griffstellung ca. 6 mm von der Dichtungsebene ab. Dies genügt für eine konstante Dauerlüftung ohne Zugluft.

8. Damit der Fensterflügel verwindungsfrei gekippt werden kann und in der Kippstellung stabilisiert wird, kann z.B. bei breiteren Fenstern eine **Zweitschere** eingebaut werden. Für hohe Fenster gibt es spezielle Kippflügelscheren.

9. Zweiflüglige Fenster und Türen besitzen manchmal einen **Mittelpfosten**. Ohne diesen wird das größere Fenster am kleineren angeschlagen. Das kleine Fensterteil ist entweder feststehend oder kann z.B. durch ein Stumpfflügelgetriebe leicht geöffnet werden.

10. Die verschiedenen sichtbaren Beschlagsteile können durch formschöne Kunststoffteile in unterschiedlichen Farben abgedeckt werden.

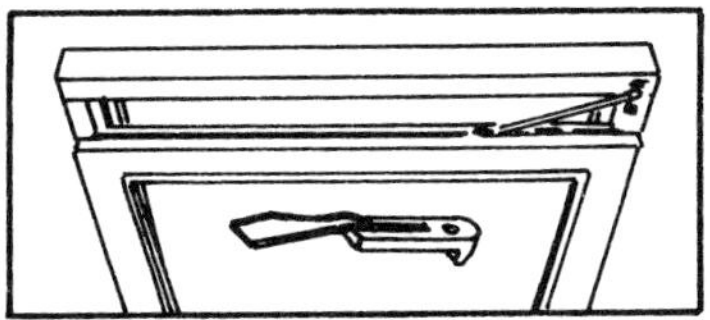

3

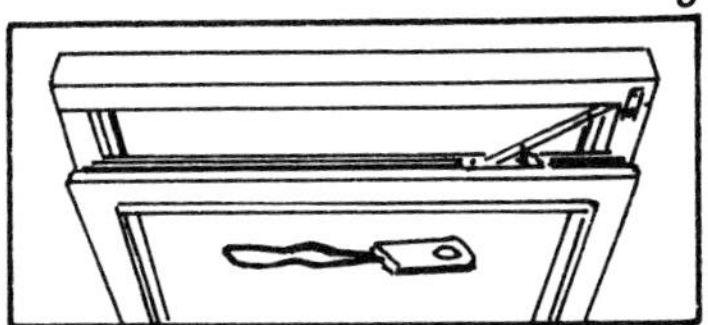

4

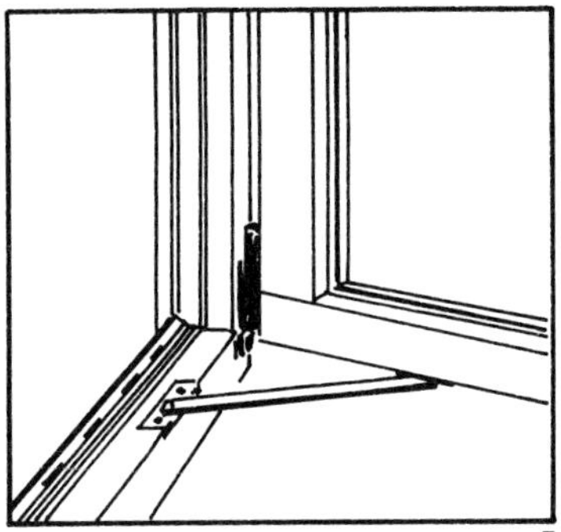

5

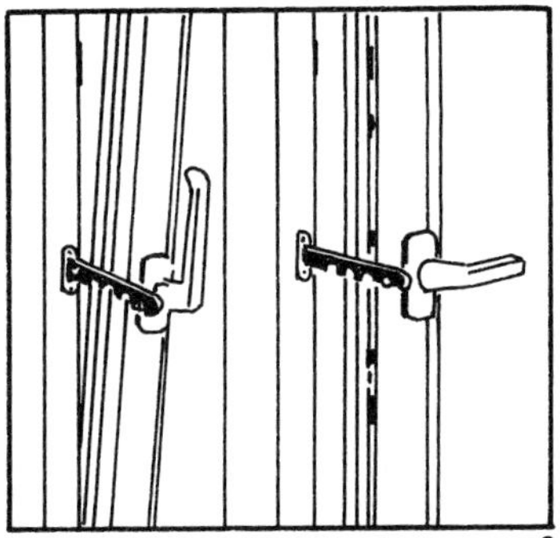

6

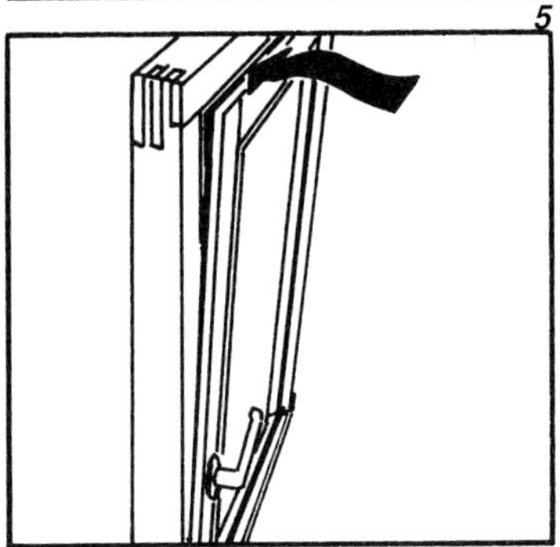

7

8

9

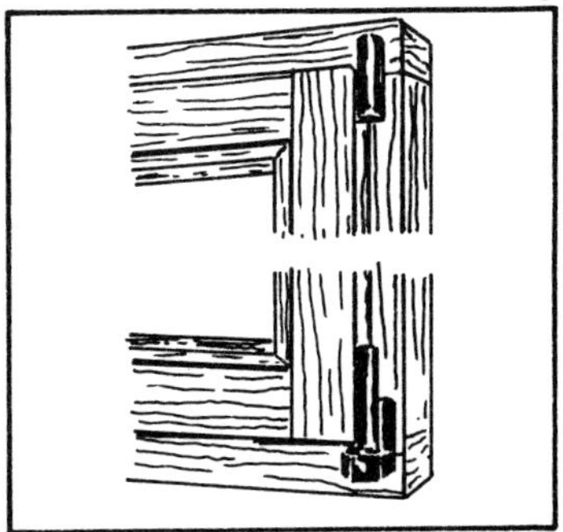

10

Schloß und Schlüssel

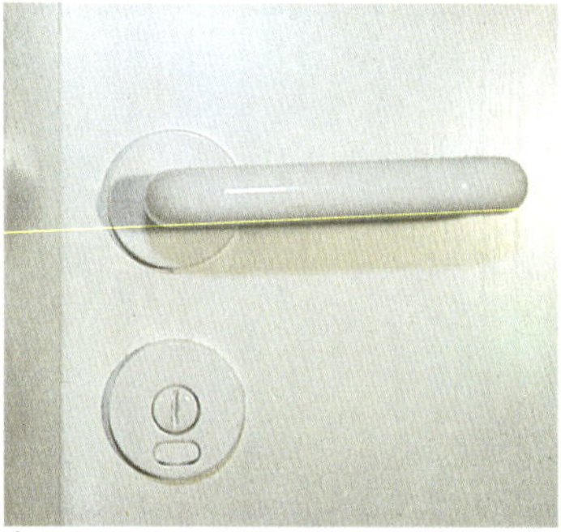
1

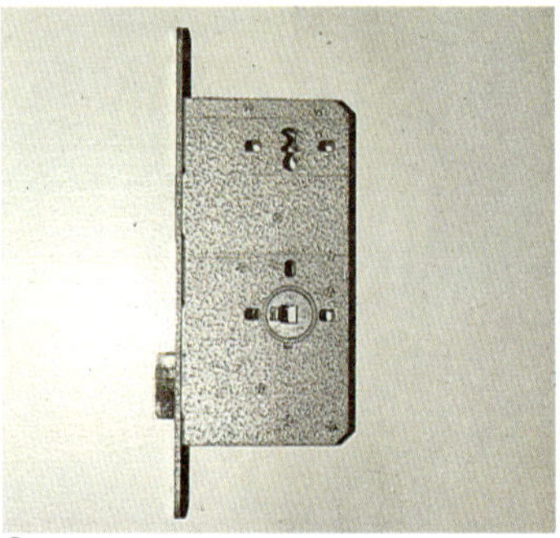
2

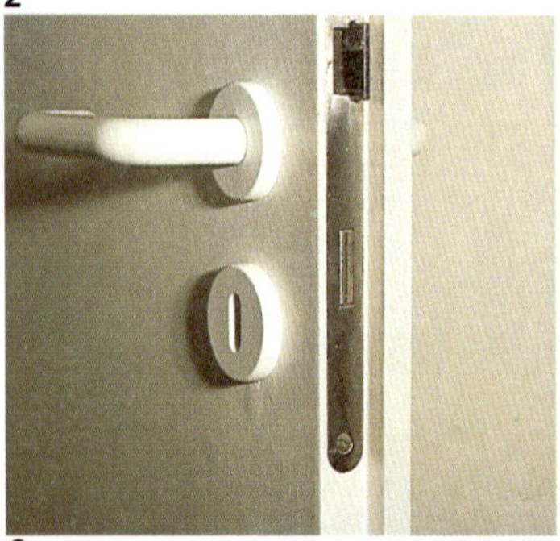
3

1.,2. In Türen wird meist das **Einsteckschloß** eingebaut. Es sitzt in einer ausgesparten Tasche eingelassen im Türblatt. Am Stulp befinden sich zwei oder mehrere Bohrungen, durch die das Schloß am Türblattfalz festgeschraubt wird. Zylinderschlösser werden mit einer langen Gewindeschraube gesichert. In die Nuß, einem quadratischen Durchbruch in verschiedenen Größen, wird der passende Türgriff eingesteckt. Mit dem Griff bewegen Sie die Falle, mit dem Schlüssel den Riegel. Schlösser sind in mehreren genormten Varianten für verschiedene Türen erhältlich.

3. Zimmertüren werden im Normalfall mit einem **Bartschlüssel-Schloß** versehen, WC- und Badtüren in der Regel mit einem **Drehknopf**.

4. Bei Außentüren und Räumen, die aufgrund ihrer Nutzung nicht jedermann zugänglich sein sollen, muß auf jeden Fall ein **Zylindersicherheitsschloß** eingebaut werden. Das Sicherheitsschloß läßt sich nur öffnen, wenn Schlüssellänge und -profil mit dem Zylinder übereinstimmen und alle Zuhaltestifte soweit einrasten können, daß sie bündig mit dem drehbaren Zylinder abschließen.

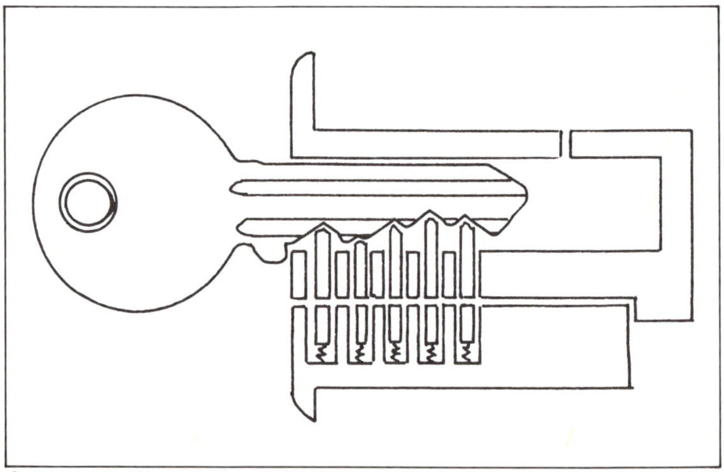
4

Fensterbänke für außen und innen

Fensterbretter oder -bänke für die Abdeckung der Sohlbank werden aus Stahlblech, Aluminium oder Kunststoff in genormten Größen und auf Bestellung in verschiedenen Breiten und Längen angefertigt. Sie greifen seitlich in den Putz ein, wodurch verhindert wird, daß Wasser in die Wand eindringt. Stahlbleche werden mit einem Schutzanstrich versehen, Alu- und Kunststoffbänke sind witterungsbeständig und bedürfen keiner Pflege. Das Blech ist im vorderen Bereich mit einer Tropfkante ausgestattet und muß in der Tiefe so bemessen werden, daß es einige Zentimeter über die Wand hinausragt.

Im Innenbereich findet man häufig Sohlbänke aus Stein, z.B. Granit, Marmor oder verschiedenen Hölzern, die ebenfalls seitlich in die Laibung eingelassen werden.

Interessant ist auch der Einbau von Fensterbänken aus hochverdichtetem Holzwerkstoff, mit einer abreibbaren, wärmebeständigen, stoß- und kratzfesten Kunststoffbeschichtung. Die 10 - 55 cm breiten Bänke sind in verschiedenen Holz- und Steinimitationen sowie in unterschiedlichen Farbtönen, teilweise mit andersfarbigen Nuten versehen, erhältlich. Bei einer Dicke von nur 17 mm können sie oft sogar über der alten Bank angebracht werden.
Durch die große Tiefe bieten sich eine Reihe von Nutzungsmöglichkeiten der Fensterbank an, z.B. als Abstell- oder Arbeitsfläche. Die vordere Blende kann auch herabgezogen in einer Breite bis zu 14 cm bestellt werden. Dadurch ergibt sich genügend Spielaum, so daß Elektroinstallationen unsichtbar dahinter angebracht werden können.
Die Bänke, in einer Länge bis zu 6 m lieferbar, lassen sich auch Ton in Ton um eine formgerechte Heizungsverkleidung ergänzen.

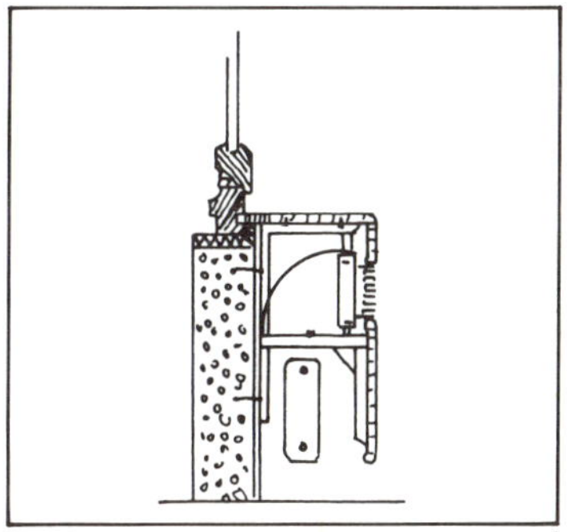

1

2

Dichtungs- und Isoliermaterialien

1

2

Der Einsatz von Isoliermaterialien ist unbedingt notwendig, um den Wärmeverlust so gering wie möglich zu halten.

1. Dazu eignet sich in erster Linie die **Mineralfaser**. Sie ist in verschiedenen Abmessungen als Plattenware mit oder ohne Baualuminiumkaschierung oder als Mineralwolle erhältlich. Durch die Kaschierung wird sowohl eine zusätzliche Wärmerückstrahlung als auch, bei richtiger Verarbeitung eine Dampfsperre erreicht.

Mineralfaser hat hervorragende Isolierungseigenschaften. Wie ein Vlies verarbeitet, bildet sich zwischen den Fasern eine Vielzahl von kleinen Luftpolstern mit hohem Isolierwert. Mineralfaser bleibt auch über Jahre hinweg **formstabil**. Sie verdichtet oder verklumpt sich nicht.

Außerdem saugt der Mineralfaserstoff kein Wasser auf. Eine Durchfeuchtung und ein Aufquellen des Gefüges ist damit ausgeschlossen. Zusätzlich ist der Werkstoff **unbrennbar** und erfüllt damit auch Brandschutzrichtlinien. Bei der Verarbeitung ist für einen optimalen Wärmeschutz wichtig, daß der Zuschnitt genau nach Maß erfolgt, damit keine »zugigen« Zwischenräume offen bleiben. Man sollte beim Verarbeiten von Glas- und Mineralwolle Schmutzmasken tragen, um Atemwegserkrankungen vorzubeugen.

2. Ein zweiter, häufig eingesetzter Isolierwerkstoff ist **Polystyrol**. Es ist extrem leicht und in Plattenform oder als Granulat erhältlich. Das Plattenstandardformat ist 50 x 100 cm in verschiedenen Stärken.

Polystyrol ist wie Mineralfaser formbeständig, **wasserabweisend** und leicht mit einem scharfen Messer in die passende Form zu schneiden. Es ist in unterschiedlichen Dichten erhältlich. Mit geeigneten Klebern läßt sich Polystyrol auch zu größeren Einheiten verkleben.

Polystyrol ist nicht hitzebeständig!

Polystyrol wird geformt zum Beispiel im Rolladenkastenbau zur Ausfütterung der offenen Eckbereiche eingesetzt. Der Rollokastendeckel wird ebenfalls mit einer Polystyrolplatte belegt.

3. Eine Sonderstellung nimmt der Werkstoff **Polyurthanschaum** ein. Dieser Einkomponentenbauschaum, einfach aus der Dose zu spritzen, dient als hochwertiger Klebstoff mit guten Isolier- und Dämmeigenschaften. Während der Aushärtezeit erhöht er sein Volumen um ein Vielfaches und ist daher sehr sparsam einzusetzen. Er ist formstabil und quillt nach dem Härten nicht nach. Er kann einfach gesägt, mit dem Messer geschnitten, geschliffen, überklebt, verputzt und überstrichen werden.

Als Montagekleber eignet er sich wegen seiner Scherstabilität und Elastizität sehr gut beim Montieren von Tür- und Fensterrahmen. Er hält den dabei aufretenden Zugbelastungen sehr dauerhaft stand.

Silicondichtmasse ist in vielen Farben erhältlich. Mit diesem Material, ebenfalls in Spritzkartuschen, lassen sich Dehnungs- und Anschlußfugen wie zwischen der Glasscheibe und dem Fensterrahmen dauerhaft elastisch abschließen. Silicon ist unempfindlich gegen Kälte und Hitze und haftet auf nahezu allen Materialien. Gegebenenfalls ist mit einer Primer vorzustreichen. Die maximale Dauerdehnung beträgt 25 % der Fugenbreite, ohne daß der Siliconstrang an den Fugenflanken abreißt. Silicon ist nicht überstreichbar.

4. Bis zu 10 % der Fugenbreite elastisch sind **Acrylatdispersionsdichtstoffe**, mit denen Risse und Fugen dauerhaft und witterungsbeständig abgedichtet werden können. Sie sind preiswerter als Silicone, gut verarbeitbar und bilden bereits nach zwei bis drei Stunden eine regenfeste Oberfläche. Sie sind in den Farben braun, grau, schwarz und weiß erhältlich, können aber sehr gut mit Dispersionsfarben überstrichen oder verputzt werden. Vorsicht bei der Verwendung auf Natursteinen! Es können Verfärbungen auf dem Stein auftreten. Verwenden Sie in diesem Fall lieber Silicon.

Kitt wird gerne zur Einfachverglasung von Fenstern verwendet. Die plastisch leicht verformbare Masse ist witterungsbeständig, verliert aber im Lauf der Jahre seine Elastizität. Die Austrocknung kann durch einen Lackanstrich verhindert werden.

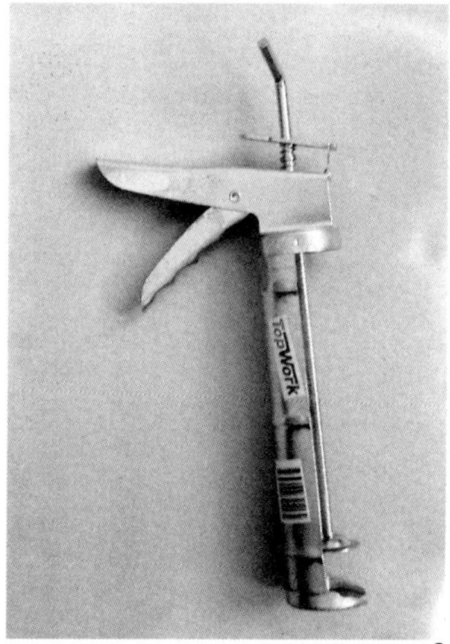

3

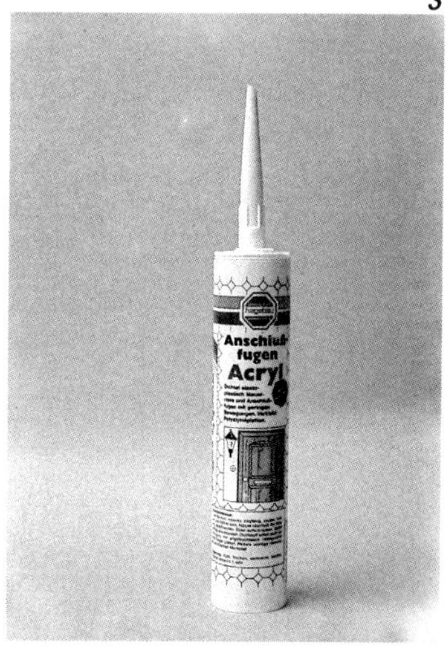

4

Die wichtigsten Werkzeuge

Auf diesen beiden Seiten finden Sie eine Übersicht von den wichtigsten Werkzeugen, die Sie benötigen, um Türen und Fenster einbauen zu können. Welche Werkzeuge Sie speziell bei jeder Arbeitsanleitung einsetzen müssen, entnehmen Sie der Rubrik "Werkzeuge" im jeweiligen Kapitel.

Grundwerkzeuge

1. 
1. Hammer: Universalwerkzeug.

2. 
2. Kombizange: Universalzange für die verschiedensten Anwendungen.

3. 
3. Schraubenzieher: Die wichtigsten Profilformen sind Schlitz, Kreuzschlitz und Pozidriv für Spaxschrauben.

4. 
4. Schraubenschlüssel: Mit ihm können Sie gut Kantschrauben und Muttern anziehen oder lösen.

5. 
5. Stechbeitel: Zum Ausstemmen von Löchern in Paneelen etc.

6. 
6. Schere: Ein Universalwerkzeug, das sicher in jedem Haushalt vorhanden ist.

7. 
7. Schraubzwingen: Mit ihnen können Sie ihre Arbeiten fixieren.

8. 
8. Meterstab: Ein vielseitiges Meßwerkzeug, das immer zur Hand sein sollte.

9. 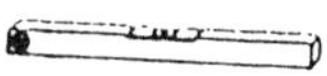
9. Wasserwaage: Unverzichtbar beim Einrichten von Tür und Fensterstöcken, aber auch beim Markieren von Bohrungen. Große Ausführungen von etwa 1 m Länge erlauben mehr Präzision als kürzere.

10. 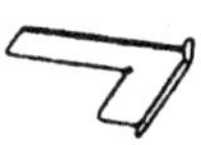
10. Anschlagwinkel: Zum Überprüfen und Anreißen von 90-Grad-Winkeln.

11. 
11. Schmiege: Hiermit können Sie beliebige Winkel exakt abnehmen und paßgenau übertragen.

12. 
12. Holzbohrer: Er ähnelt dem Spiralbohrer, verfügt aber über eine Zentrierspitze, die verhindert, daß bei Arbeiten mit Holz Bohrungen verlaufen können.

13. 
13. Steinbohrer: Dieser Bohrer besitzt eine Hartmetallspitze, die beim Schlagbohren wie eine Meißel wirkt und das Material zertrümmert. Vorzugsweise bei Beton und hartgebrannten Ziegeln einzusetzen.

14. 
14. Auspreßpistole: Zum Verfüllen von Fugen zwischen Mauerwänden und Regalwänden eignet sich Silikon-Dichtungsmasse, die man mit Auspreßpistole aufträgt.

15. 
15. Metallsäge: Spezialsäge für Metallständer und -profile.

Hilfsmittel zum eigenen Schutz

16. 
16. Arbeitshandschuhe: Schützen die Hände vor Verletzungen.

17. 
17. Gummihandschuhe: Zum Verfugen; sollten nicht zu dick sein.

18. 
18. Schutzbrille und Atemschutzmaske: Verhindern, daß Steinstaub oder Splitter beim Ausbrechen von Mauerwerk in die Atmungsorgane und Augen eindringen.

Elektrowerkzeuge

19. 
19. Elektrohobel: Glättet sägerauhes Holz.

20. 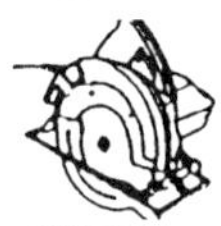
20. Hand- oder Tischkreissäge: Dient zum Absägen von stärkeren Rund- und Kanthölzern. Die Handkreissäge befestigen Sie am besten an einem geeogneten Werktisch.

21. 
21. Stichsäge: Zum Ablängen von Latten, Rund- und Kanthölzern, deren Durchmesser weniger als 60 mm beträgt.

22. 
22. Abbruchhammer: Kann ausgeliehen werden und eignet sich für grobe Meißelarbeiten. Man bekommt ihn wahlweise mit Zweitaktmotor oder Stromanschluß.

23. 
23. Bohrhammer: Zum Bohren von

Dübel- und Ankerlöchern in Beton.

24. 

24. Bohrmaschine: Mit rechts- und linksdrehendem Lauf für Schraubarbeiten. Gleichzeitig mit Schlagbohrvorrichtung für Bohren in Stahlbeton.

Werkzeuge für Mauer- und Verputzarbeiten

25. 

25. Dreieckige Kelle: Dient zum Auftragen von Mörtel.

26. 

26. Rechteckige Kelle: Wird zum gleichen Zweck verwendet.

27. 

27. Glättekelle: Werkzeug zum Auftragen, Glätten von Putzmörtel.

28. 

28. Kunststoffreibbrett: Wird zum Glätten von Putzflächen verwendet.

29.

29. Schwammbrett: Findet Verwendung, wenn die Putzflächen besonders glatt werden sollen.

30. 

30. Gummispachtel: Eignet sich zum Verfugen von Fliesen.

31. 

31. Putzhacken: Wenn Sie eine dicke Mörtelschicht azfbringen wollen, sollten Sie die Putzfläche mit Holz- oder Alubrettern bzw. -latten fixieren, die Sie mit diesen Spezialhacken an der Wand befestigen. Mit den Brettern können Sie außerdem auch die Dicke des Putzes festlegen und über die ganze Fläche hin einhalten.

32. 

32. Winkelschleifer: Der Winkelschleifer mit einer Metallschrubscheibe eignet sich besonders, um große oder tiefgehende Roststellen an Metallen zu entfernen.

33. 

33. Deckenbürste: Wichtigstes Werkzeug zum Auftragen von Grundierungen und Anwässern von Mauerflächen.

34. 

34. Fäustel: Sie dienen dazu, Schnureisen einzuschlagen, Steine grob zuzuhauen etc..

35. 

35. Fug(en)eisen: Zum Ausfugen in verschiedenen Breiten von 0,8 bis 1,5 cm. Es ist als Hohleisen und als Flächeneisen im Gebrauch, je nachdem, ob voll oder hohl audgefugt werden soll.

36. 

36. Gummihammer: Zum Festklopfen der Glasbausteine.

37. 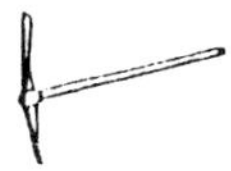

37. Maurerhammer: Sind etwa 1500 g schwer. Mit der vorderen Schneidefläche führt man feinere Arbeiten auf leicht zu bearbeitendem Stein durch. Hauptsächlich wird mit der hinteren senkrechten »Schlagbahn« gearbeitet.

38. 

38. Schlagmeißel: Mit dem Schlagmeißel lassen sich Kanten bearbeiten, gröbere Unebenheiten von der Oberfläche entfernen.

39. 

39. Spitzmeißel: Es läßt sich damit grob die Oberfläche bearbeiten.

40. 

40. Schwamm: Zum Reinigen z.B. beim Verfugen von Glasbausteinen.

41. 

41. Mörtel-Quirl: Dient zum Anrühren von Mörtel.

42. 

42. Mörtel-Eimer: Sie brauchen ihn zum Anmachen von kleinen Mörtelmengen.

43. 

43. Alu-Richtlatte: Sie wird zur Abgrenzung von Flächen verwendet, die betoniert oder verputzt werden sollen.

Werkzeuz zum Verglasen und für die Bleiverglasung

44. 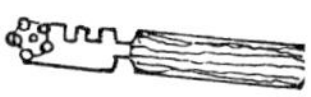

44. Glasschneider: Mit Stahlrädchen oder Industriediamant zum Schneiden von Einfachglas

45. 

45. Kittmesser: Zum Formen und Abnehmen beim Verkitten der Glasscheiben im Rahmen.

46. 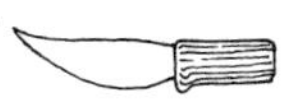

46. Stabiles Messer: Zum Ablängen der Bleimten bei der Bleiverglasung.

47. 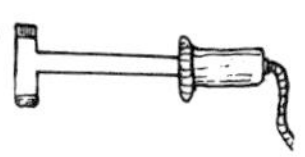

47. Lötkolben: Mit Lötspitze und -fläche, Thermostat für die richtige Temperatur bei der Bleiverglasung.

Türen und Fenster nachträglich einbauen, Checkliste für die richtige Planung

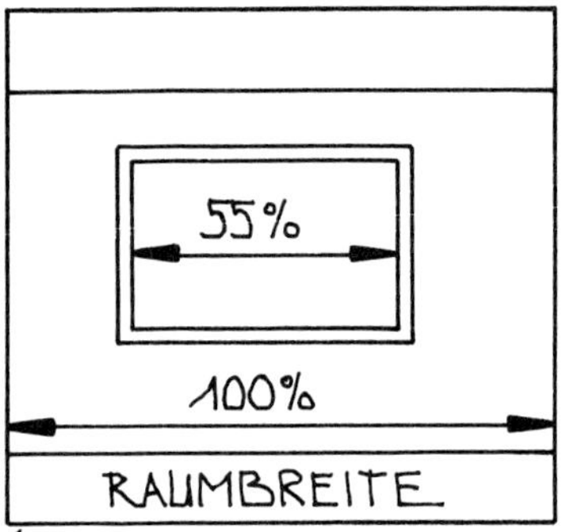

1

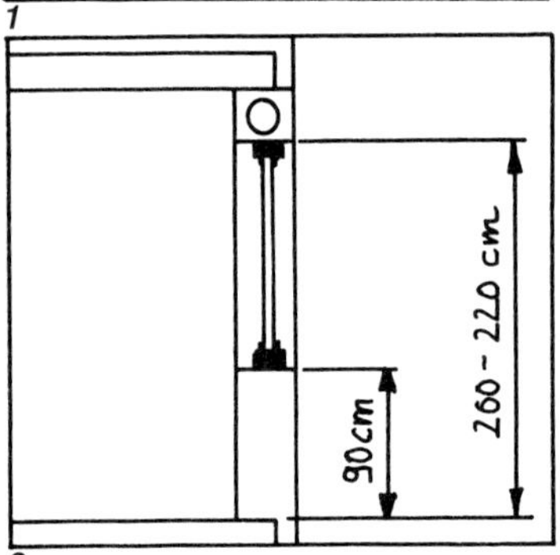

2

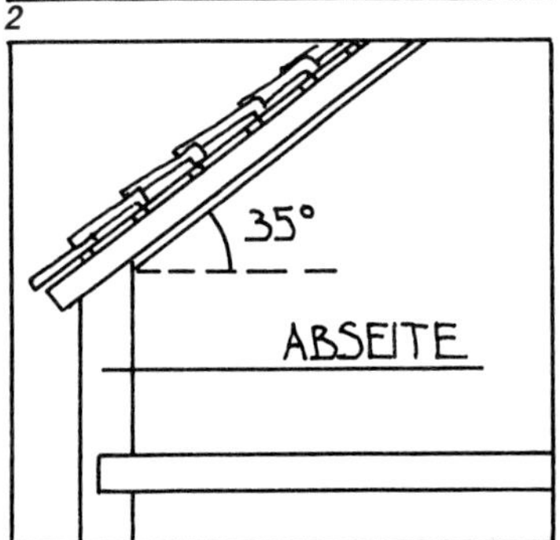

3

Vor dem Einbau von Tür und Fenster sollten Sie einige Planungsregeln, Auswahlkriterien und Einbaumaße studieren. Als Orientierungshilfe ist die folgende Checkliste gedacht:

1.,2. Nach den **Landesbauverordnungen** wird die Mindestlichtmenge erreicht, wenn die Fensterflächen zwischen 10 und 12,5 % der Raumgrundfläche betragen. Eine optimale Ausleuchtung des Raumes erreichen Sie, wenn die Breite der eingebauten und geplanten Fenster mindestens 55 % der Wohnraumbreite beträgt. Die Oberkante der Fensterbrüstung soll höchstens 90 cm über dem Fußboden liegen, damit auch beim Sitzen eine Sichtverbindung nach außen möglich ist. Die Fensteroberkante liegt meist zwischen 2 m und 2,2 m, um noch Platz für Sturz oder Rolladenkasten zu haben.

Bei nachträglichen Einbauten orientieren Sie sich am besten an vorgegebenen Maßen der Bausubstanz, um ein einheitliches Bild zu erreichen. Eine große Rolle spielt auch die Nutzung und beabsichtigte Einteilung des Innenraumes. Verplanen Sie z.B. nicht Wandflächen, die Sie eigentlich als Stellflächen für eine Schrankwand benötigen!

Weitere Problemstellungen, die beim Fenstereinbau zu beachten sind:

- Aus welchem Material sind Fensterflügel und -rahmen?
- In welcher Farbe soll die Oberfläche sein?
- Welche Funktionen soll das Beschlagsystem beinhalten - Dreh-, Kipp-, Schiebemachanismus?
- Welche Fensteroliven werden eingebaut?
- Soll das Fenster absperrbar sein?
- Welche Ansprüche stellen Sie an die Verglasung? (Wärmeisolierung, Lärmschutz, Schutz vor direkter Sonneneinstrahlung usw.)
- Ist die Fenstertür links- rechtsanschlagend, oder eine Schiebetür?
- Wird ein Rolladen angebracht?

Geben Sie bei allen Bestellungen die beachsichtigten Rohbaumaße an, d.h. das ganaue Maß der Fensteröffnung und der Wandstärke (Laibung), damit der Fensterstock auch passend ausgeführt werden kann. Bei Fertigfenstern lassen Sie sich das Einbaumaß angeben, um die Wand im passenden Ausschnitt herausbrechen zu können.

3. Bei Dachfenstern liegt die Höhe des Fensters ebenfalls zwischen 90 und je nach Dachneigung 120 cm. Die Oberkante wird bei ca. 200 cm Raumhöhe angesetzt. Sehr wichtig ist die Angabe des Dachneigungswinkels, den Sie entweder aus den Planunterlagen entnehmen können oder mit einer Winkelschmiege abmessen müssen.

Neben der Material- und Formauswahl sind weitere Überlegungen anzustellen:

- Wie groß soll das Dachfenster sein?
- Welchen Sparrenabstand hat der Dachstuhl?
- Müssen Hilfssparren eingezogen werden?
- Aus welchem Material ist die Eindeckung?
- Welcher Eindeckrahmen wird dann für das Fenster benötigt?
- In welcher Ausführung soll das Fenster verglast sein?
- Soll auch die Abmauerung (senkrechtes Wandstück vom Boden bis zum Dachstuhl) miteinbezogen werden?
- Läßt sich ein Dachbalken einplanen?
- Welche Vorteile bringt der Einbau einer Dachgaube?
- Mit welchem Zubehör soll das Dachfenster ausgestattet sein?

Beim Einbau von modernen Kellerfenstern in bereits bestehende Fensteröffnungen können folgende Überlegungen die Arbeit wesentlich erleichtern:

- Passen Renovierungselemente in einen bestehenden Stahlrahmen?
- Können Laibungskellerfenster eingesetzt werden?
- Wie stark ist die Kellermauer?
- Lohnt sich der Einbau eines Lichtschachtes, um ein größeres Fenster einsetzen zu können?

Auch bei Türen ist wie bei Fenstern die **Statik** die erste Fragestellung. **Neben der Materialwahl, den Rohbaumaßen** (Türenstandardmaß 80 cm breit und 200 cm hoch) **sollten noch folgende Fragen geklärt werden:**

- Wird eine Stahl- oder Holzzarge verwendet?
- Soll die Tür einen verglasten Ausschnitt für bessere Lichtverhältnisse haben?
- Welcher Anschlag, links oder rechts, ist für die räumliche Situation besser geeignet?
- Läßt sich eventuell ein Renovierungssystem verwenden? (Siehe S. 58f.!)
- Muß bei Türen mit einer Anschlagleiste der Boden überarbeitet werden?
- Welche Beschläge und Schlösser sollen eingebaut werden?
- Welche Anforderungen stellen Sie an das Türblatt? (Schallschutz, Brandschutz, usw.)

Zusätzliche Fragen tauchen bei der Auswahl und Montage des geeigneten Garagentores auf. Die grundsätzliche Entscheidung für ein Kipp-, Seiten- oder Deckensectionaltores ist abhängig von den unterschiedlichen Anschaffungskosten und räumlichen Gegebenheiten. Auch der Einbau einer Schlupftür ist sicher nicht uninteressant. Legen Sie vorher auch fest, welchen Belag Sie wählen, und ob Sie ihn selbst montieren wollen.

Weitere Detailfragen und ihre Antworten entnehmen Sie den einzelnen Kapiteln.

Fixieren und Befestigen eines Fensterstockes

1

2

Beim Einbau eines Fensters sind zwei Dinge sehr wichtig:
- Das Fenster muß **exakt** ohne Spannungen **eingepaßt** und fixiert werden, damit der Rahmen nachher exakt schließt.
- Der Fensterrahmen muß **stabil** mit dem Mauerwerk **verbunden werden,** damit der Rahmen sich nicht lockern kann.

Das Fenster muß in allen Richtungen lotrecht eingesetzt werden, sonst schließt oder öffnet es sich selbst.

In der Regel setzen Sie das Fenster unverglast. Wenn möglich, können Sie auch den Fensterflügel aushängen. Legen Sie zuerst den Sitz des Fensters in der Laibung fest. Er ist abhängig von der Wandstärke und Rolladen- und Fensterblecheinbaumaßen. Anschließend schieben Sie das Fenster in die Maueröffnung. Auf die Sohlbank (untere Auflagefläche für das Fenster) können Sie vorher Unterlegehölzer oder Keile legen, um den waagrechten Sitz regulieren zu können. Nun fixieren Sie den Rahmen links und rechts an der Laibung provisorisch mit Holzkeilen sowohl von innen als auch von außen. Mit der Wasserwaage müssen Sie immer wieder zwischendurch den exakten waagrechten und senkrechten Sitz des Fensters kontrollieren. Anschließend hängen Sie den Fensterflügel ein und prüfen den winkelgenauen Sitz.

Eine Möglichkeit, den Rahmen dauerhaft zu fixieren, ist das Befestigen mit **Bankhaken** oder Schlaudern, die in das Ziegelmauerwerk eingeschlagen und mit dem Blendrahmen verschraubt werden. Bei Wänden aus Beton werden Stahlwinkel oder -laschen an die Wandlaibung geschraubt.

Die meisten Fenster werden heute aber mit **Polyurethanschaum** befestigt. Dieser Werkstoff bietet sicheren Halt, ist formstabil, kann überputzt und überstrichen werden. Außerdem wirkt er wärme- und schalldämmend.
Die Mauerflanken werden zuerst vorgenäßt. Die Hohlräume zwischen Rahmen und Mauer werden umseitig mit dem Bauschaum aus der auf dem Kopf stehenden Dose ausgeschäumt. Spritzen Sie den Schaum sparsam, da er sein Volumen während dem Aushärten erhöht.
Arbeiten Sie mit Handschuhen! Frische Schaumreste können Sie mit Aceton (Nagellackentferner) abwaschen. Reinigen Sie sofort nach Gebrauch die abnehmbaren Spritzdüsenteile. Ausgehärtet kann der Werkstoff nur noch mechansich entfernt werden.
Nach ca. einer Stunde können Sie das herausgequollene überschüssige Material mit einem scharfen Messer abschneiden. Nach 2 bis 8 Stunden ist der Polyurethanschaum ausgehärtet und belastbar. Danach können Sie die übestehenden Teile der Holzkeile, mit denen der Rahmen provisorisch fixiert wurde, mit einem Stemmeisen rahmenbündig abschlagen. Überprüfen Sie, ob alle Zwischenräume mit Schaum ausgefüllt sind. Beim Fixieren des Rahmens mit Schaum müssen Sie Fenster oder Tür schließen oder den Rahmen mit Streben aussteifen.

3

4

6

5

Verglasen von Fenstern

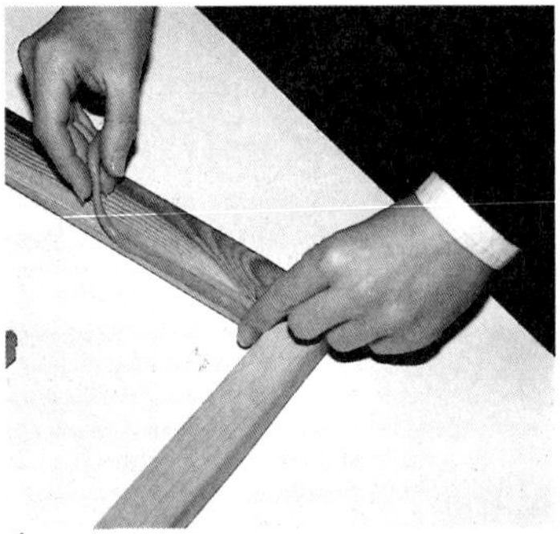
1

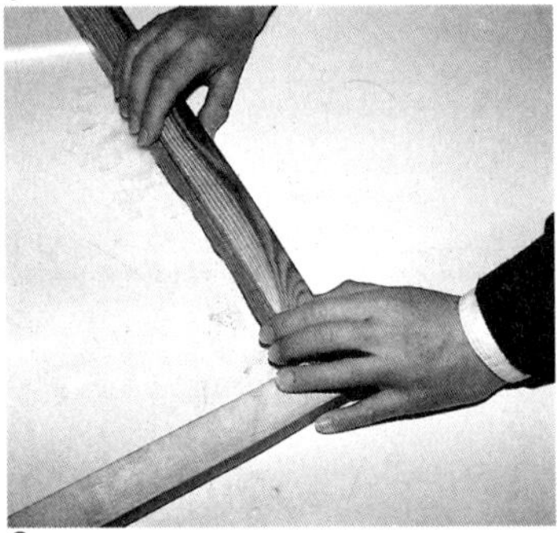
2

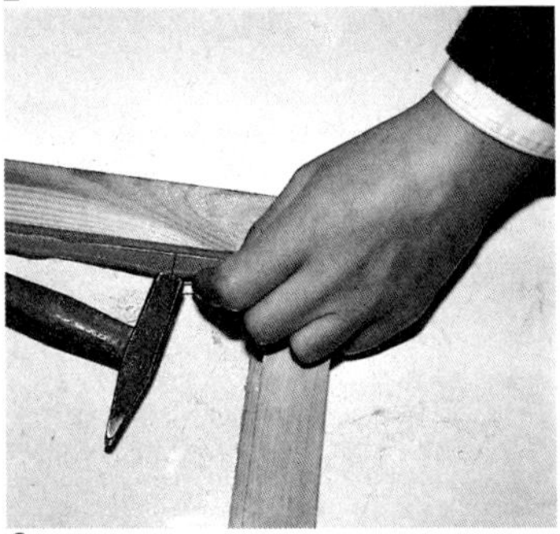
3

Einfachverglasungen werden immer noch im traditionellen Kittverfahren vorgenommen. Das Glas soll so bemessen sein, daß sich zwischen Glasscheibe und Rahmen umlaufend ein Spalt von 2 mm ergibt. Dadurch wird verhindert, daß es z.B. bei Holzrahmen, die den Witterungsbedingungen entsprechend »arbeiten«, durch die Spannung zum Glasbruch kommen kann.

1. Der Kitt, in verschiedenen Farben wie Grau, Braun oder Schwarz erhältlich, wird zuerst weichgeknetet. Dann drehen Sie gleichmäßige Kittwürste mit einem Durchmesser von ca. 5 bis 10 mm, je nach Falzbreite, und legen Sie umlaufend in den Falz. Der Kitt wird angedrückt, bevor Sie die Scheibe einlegen und leicht festdrücken.

Verwenden Sie nur **frischen, weichen Kitt**, der die Verformung noch mitmacht, damit es beim Andrücken der Scheibe nicht zum Bruch kommt.

2. Die verbleibende Kittschicht soll etwa 2 mm dick sein. Mit einem Glaserdraht, einem Stahldraht, der in bestimmten Abständen eingekerbt ist, damit er dort abgeknickt und gebrochen werden kann, befestigen Sie die Scheibe im Abstand von 15 - 20 cm. Bei der Verwendung von Nägeln mit Köpfen kann die punktuelle Auflage des Nagelkopfes zum Brechen der Scheibe führen. Der Draht wird soweit mit dem Hammer vorsichtig eingeschlagen, daß er nachher nicht aus dem Kittbett heraussteht.

3. Als nächstes drücken Sie eine größere Kittwurst auf die Oberseite des Glases an den Rahmen. Mit dem Kittmesser wird entlang der Rahmenkante der Kitt schräg angedrückt. Die **Kittbahnbreite** entspricht dabei dem Falzmaß! Versuchen Sie eine gleichmäßig und gerade verlaufende Kittkante zu erzielen.

4. Drehen Sie nun den Rahmen um und entfernen die herausgedrückten **Kittreste** auf der Falzrückseite. Mit Schlemmkreide können Kittspuren auf dem Glas leicht abgeputzt werden. Lassen Sie, bevor Sie das Fenster streichen, den Kitt einige Tage durchhärten.

5. Häufig verwendet werden auch sogenannte Glasleisten.

Anstelle des Kittes wird in den Rahmenfalz ein selbstklebendes **Schaumstoffband**, das mindestens 2 - 3 mm schmäler ist als der Falz, geklebt. Darauf wird die Glasscheibe gelegt.

6. Auf der Glasleiste wird ebenfalls ein Schaumstoffband angebracht. Diese Bänder verhindern Druckbelastungen auf das Glas und verringern die Bruchgefahr. Setzen Sie nun die auf passende Länge in Gehrung zugeschnittenen Leisten in den Rahmen. Sie werden mit leichtem Druck auf die Glasscheibe gedrückt und mit Drahtstiften an die Rahmeninnenseite genagelt.

7. Den Spalt zwischen Glas und Glasleiste, sowie zwischen Glas und Rahmen können Sie mit **Kitt** oder einer **Silicondichtungsmasse** ausfüllen, damit kein Wassser eindringen kann.

8.,9. Bei Fertigfenstern und -türen werden meist **Gummidichtungen** in geeigneter Profilierung eingesetzt. Rahmen, Glasleiste, Glasdicke und Profilquerschnitt sind so aufeinander abgestimmt, daß Spannungen auf das Glas und Eindringen von Wasser verhindert wird.

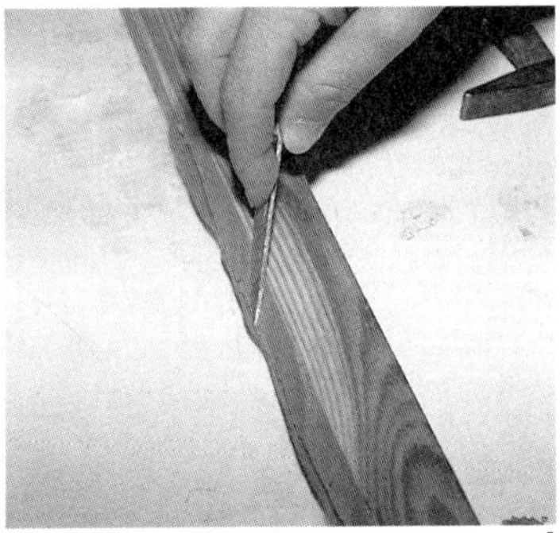

4

5

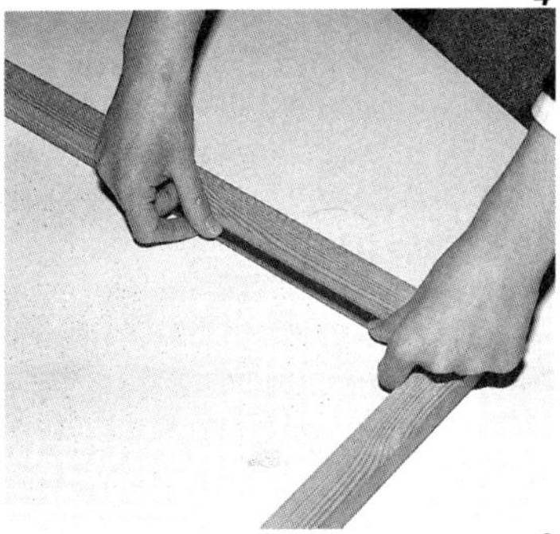

6

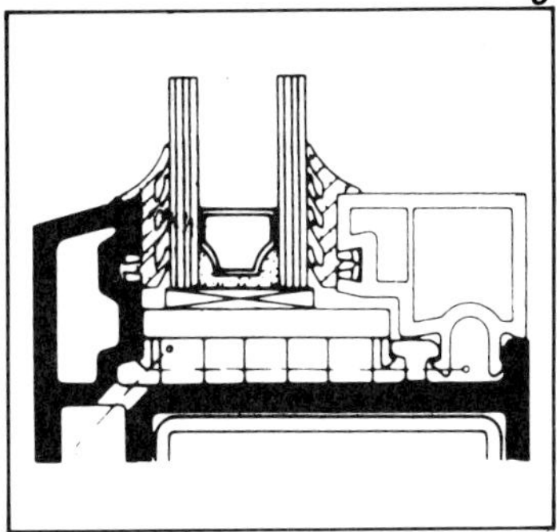

7

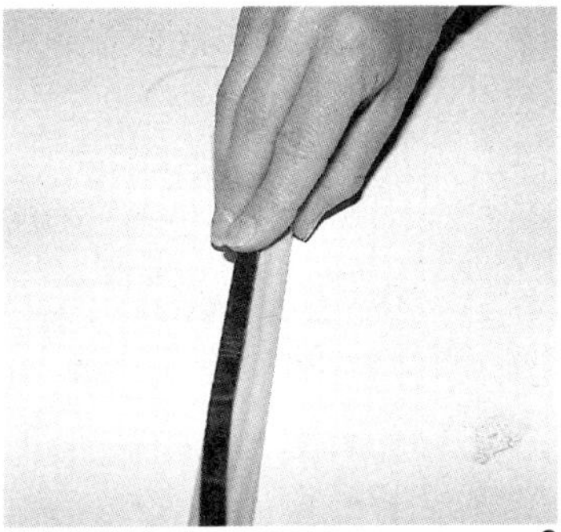

8

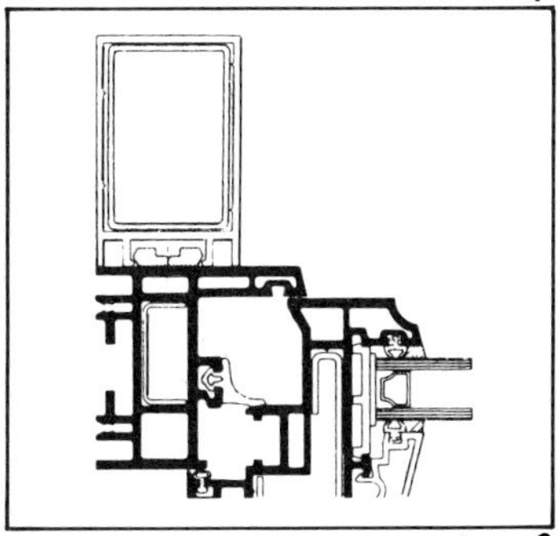

9

Glas richtig schneiden

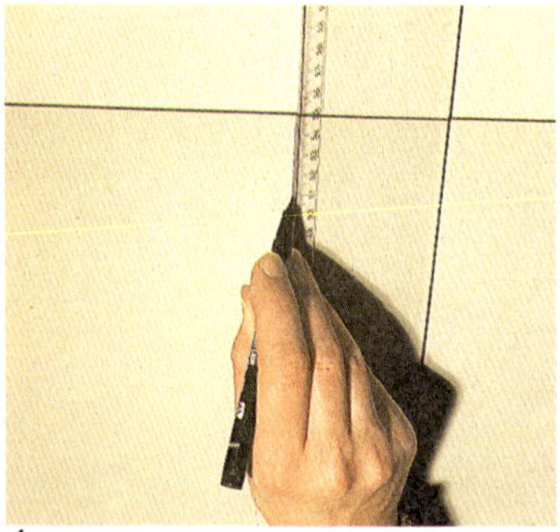
1

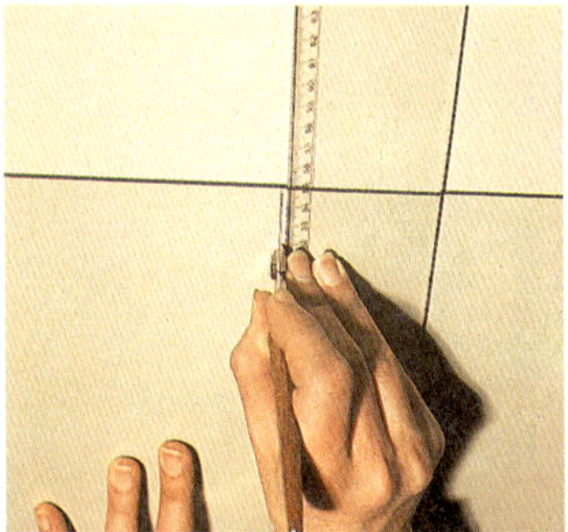
2

3

Für die Bearbeitung von Glas benötigt man nur wenige Werkzeuge: Glasschneider oder Glaserdiamant, Stahllineal und einen Hammer. Für Bohrungen gibt es spezielle Glasbohrer, z.B. für die Lochbohrungen zum Anbringen der Halterungen bei Glastüren.

Beim Glasschneiden wird zuerst mit dem **Glasschneider** die Oberfläche des Glases aufgeritzt. Dieses Gerät besitzt vorne ein gehärtetes Metallrädchen, das über die Glasplatte gezogen wird. Sehr wichtig ist eine plane nicht zu harte Unterlage (z.B. Pappkarton auf Ihrem Arbeitstisch), damit das Glas keinen Spannungen ausgesetzt ist und bereits beim Ritzen mit dem Glasschneider zerbricht.

1.,2. Als erstes markieren Sie sich mit einem auf Glas schreibenden Filzstift den Schnittverlauf. Danach legen Sie das Stahllineal so auf die Platte, daß das Glasschneiderädchen auf der Markierungslinie sitzt. Der Glasschneider muß **senkrecht am Lineal** gehalten werden. Leicht zu Ihrem Körper hin geneigt, ziehen Sie dann das Werkzeug dem Lineal entlang. Auf der Glasplatte muß sich eine durchgehende Ritzlinie von einer Glaskante zur anderen abzeichnen. Dies erreichen Sie wenn Sie das Schneidewerkzeug richtig halten und gleichmäßigen Druck auf die Platte ausüben.

Die **Metallrädchen** nutzen sich relativ schnell ab. Bei häufigerem Einsatz lohnt es sich, sich einen Glaserdiamant anzuschaffen. Anstelle des Rädchens sitzt bei ihm ein kleiner Industriediamant auf der Spitze. Ohne grossen Druck ritzen Sie wie oben beschrieben mit diesem Werkzeug das Glas an.

3.,4. Vor dem Brechen der Glasscheibe können Sie vorsichtig von der Gegenseite entlang der geritzten Linie mit einem Hammer oder dem Glasschneider klopfen. Dadurch vertieft sich der Ritz nach unten. Anschließend brechen Sie die Platte über einer Tischkante ab.

Falls Sie nicht gleichmäßig gearbeitet haben, können kleine Überstände an der Kante auftreten, die **vorsichtig** mit einer Flachzange oder durch die Aussparungen am Glasschneider abgebröckelt werden können.

6. In gleicher Weise werden schmale Glasstreifen von der Platte weggenommen. Nachdem Sie das Glas angeritzt haben, setzen Sie die passende Aussparung am Glasschneider an die parallel zur Ritzlinie liegende Glaskante. Durch eine leichte Hebelbewegung nach unten brechen Sie Stück für Stück ab.

Achtung: Die Glaskanten sind scharfkantig. Verletzungsgefahr!

7.,8. Kurvenschnitte, z.B. für runde Fensterteile, erfordern etwas mehr Erfahrung. Dafür gibt es einen sogenannten Rundschneider, eine Maßschiene mit einem Gummisaugkopf an der einen und einem verstellbaren Glasschneider am anderen Ende. Sie können sich aber behelfen, in dem Sie eine geeignete Schablone benutzen, z.B. Schraubglasdeckel für Kreise. Nachdem Sie die runde Form in das Glas eingeritzt haben, müssen Sie Hilfsschnitte vom Kurvenverlauf weg zu den Außenkanten anlegen, damit Sie das Glas in der gewünschten Form brechen können.

Problematisch sind dabei **Innenradien**. Die überstehenden Glasteile brechen gelegentlich mit ab. Versuchen Sie es zuerst mit einfacheren Formen!

Glasbohrungen lassen Sie am einfachsten in der Glaserei ausführen. Einfache Platten können Sie dort auch bereits im Maß zugeschnitten und auf Wunsch auch mit geschliffenen Kanten bekommen.

4

5

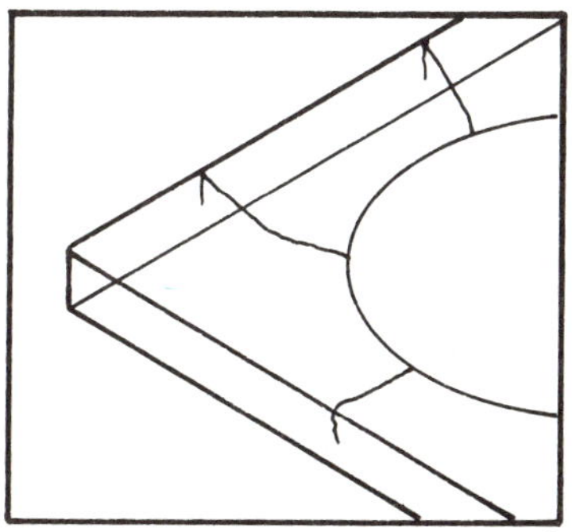

8

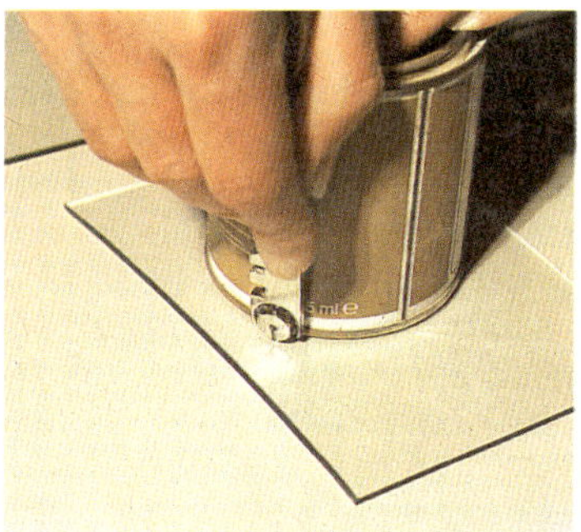

7

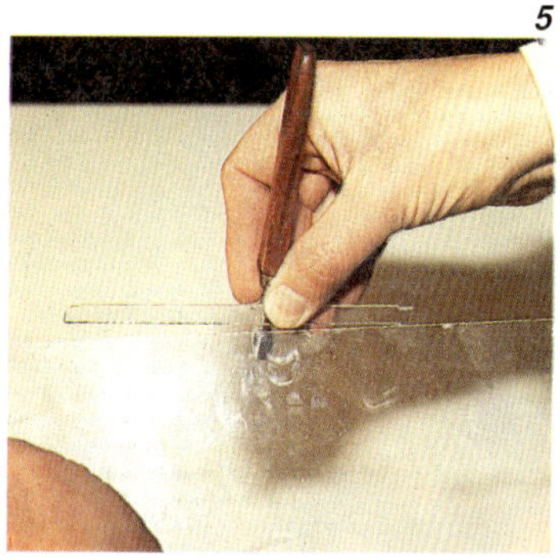

6

Einputzen von Fensterstock und Fensterbrett

1

2

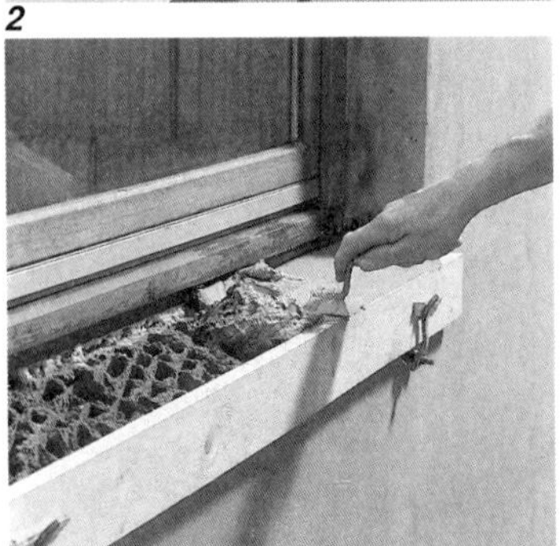

3

Zum Einputzen des Fensterstockes benötigen Sie eine Holzlatte, die länger ist als die Maueröffnung, zwei oder drei Putzhaken sowie eine Maurer- oder Glättkelle und ein Reibebrett. Bei kleineren Arbeiten lohnt es sich nicht, den Putz mit der Betonmaschine anzumischen. Verwenden Sie lieber **Fertigputz oder -mörtel**, der einfach in Wasser eingerührt wird. Die Verarbeitungszeit beträgt ca. 45 Minuten. Er kann sowohl für innen wie auch außen eingesetzt werden.

1. Beim Einputzen, die Abbildungen zeigen den Vorgang bei der Fenstersohlbank, befestigen Sie die Putzlatte waagrecht bzw. senkrecht mit den Putzhaken an der Wand. Der Putz kann im rechten Winkel zum Fensterstock oder nach außen hin abfallend aufgetragen werden.

Wenn Sie noch wenig Erfahrung in der Handhabung der Maurerkelle besitzen, sollten der Fensterstock und Fensterbleche abgedeckt werden. Eventuelle Mörtelspritzer können, solange Sie nicht abgetrocknet sind, mit einem nassen Schamm abgewischt werden, können aber Verfärbungen auf Blech hervorrufen.

2.,3. Beginnen wir mit einer **senkrechten Laibung**. Nässen Sie z.B. mit einer Deckenbürste die Wandflächen vor. Mit der Kelle tragen Sie die ersten Putzschichten auf. Der Fertigmörtel kann bis zu einer Schicht von 30 mm in einem Arbeitsgang aufgetragen werden. Am Fensterstock dient der Rahmenfalz oder, wenn nicht vorhanden, eine gezogene Hilfslinie als Orientierung. Vorne führen Sie die Kelle entlang dem Brett, das als Lehre dient. Zum Glätten können Sie die Glättkelle vorher in Wasser tauchen, damit der Putz nicht hängenbleibt und eine glatte Fläche entsteht.

Lassen Sie den Putz einigermaßen aushärten, bevor Sie die Putzhaken lösen. (Sie müssen nur leicht mit dem Hammer auf das vordere Ende der Klammer schlagen!) Nehmen Sie vorsichtig das Brett ab, ohne die noch weiche Kante zu beschädigen. Mit einem **Reibebrett** verreiben Sie noch die Unebenheiten an der Wandfläche zwischen altem und neuem Putz.

In gleicher Weise fertigen Sie die gegenüberliegende Seite und den Sturz.

Die meisten Fensterbänke greifen links und rechts in den Putz ein, damit zwischen Brett und Laibung kein Wasser in die Wand eindringen kann. Entweder lassen Sie bei den senkrechten Laibungsseiten unten entsprechend Platz frei oder kratzen den weichen Putz nachträglich heraus.

4.,5. Beim **Fliesen** der Fensterbank streuen oder tragen Sie eine frostsichere Kleberschicht auf. Sie schieben die Fliesen in den Fensterfalz und klopfen Sie leicht an. Fensterbänke fallen immer nach außen ab, damit das Regenwasser abfließen kann. Der Überstand vorne soll mindestens 3 cm sein, damit das Tropfwasser nicht an der Wand herunterläuft. Anschließend putzen Sie die Ausbrüche links und rechts noch zu.

6.-9. In gleicher Weise bringen Sie Sohlbänke aus Stein an. Bei Blech- oder Aluminiumbänken tragen Sie den Mörtel in entsprechender Höhe wie vorher beschrieben auf. Lassen Sie in diesem Fall den Mörtel aushärten. Dann befestigen Sie das Brett in der vom Hersteller angegebenen Weise und putzen es ein.

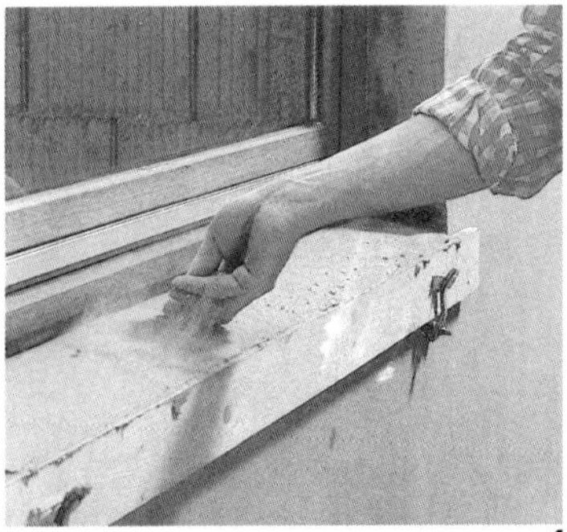

4

5

6

7

8

9

Abdichten von Fensterrahmen und Fensterstock

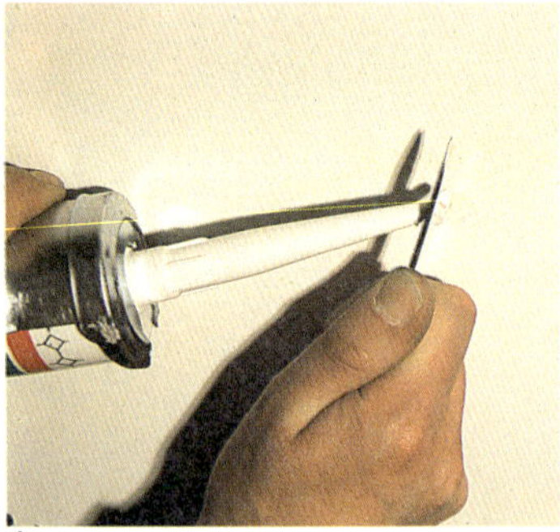
1

2

3

Wenn Sie den Fensterrahmen außen eingeputzt haben, können Sie den Spalt zwischen Rahmen und Putz abdichten.

Gerade **Holzrahmen** arbeiten bei Trockenheit oder feuchter Luft. Durch die sich dadurch ergebenden Spannungen können entweder Risse oder Spalten entstehen, die gerade im Winter zu Wärmeverlust führen können.

Empfehlenswert ist das **Verfugen** mit einer Acrylatdispersion, die in Kartuschen angeboten wird. Diser pastose Werkstoff haftet auf den meisten Baustoffen ohne Grundierung, auch auf Holz und Putz. Metalle wie Aluminium, Edelstahl, Zink und auch Kunststoffe wie Hart-PVC sollten vorher leicht angeschliffen werden, z.B. mit der rauhen Seite eines Spülschwammes oder einem Schleiffilz. Stark saugende Untergründe wie Gasbeton sollten vorher grundiert werden. Dies können Sie mit einer Mischung aus der Acrylatdispersion und Wasser im Verhältnis 1:1 bewerkstelligen, die Sie auf den porösen Werkstoff streichen. **Acryldispersion** ist sehr witterungsbeständig und gleicht Bewegungen der Baustoffe bis zu 10 % der Fugenbreite aus. Wichtig ist auch, daß dieser Werkstoff sowohl verputz- wie überstreichbar ist, und sich somit der Farbigkeit der übrigen Fassade anpassen läßt.

1. Für die Verarbeitung benötigen Sie eine **Auspreßpistole**, in die die Acrylatdispersionkartusche eingelegt wird. Nachdem Sie die Verschlußkappe abgeschnitten haben, schneiden Sie die Kunststoffspritzdüse leicht schräg ab, so daß der Öffnungsdurchmesser der Fugenbreite entspricht.

2.,3. Durch die Betätigung des Hebels am Pistolenende wird durch den Druck der Werkstoff aus der Kartusche gedrückt. Sie beginnen in einer Ecke und ziehen einen gleichmäßigen Strang nach unten. Wichtig ist, daß der Strang nicht abreißt und sich offene Stellen ergeben. Zwischendurch glätten Sie den Strang mit dem mit Spülmittelwasser angefeuchteten Finger. Dadurch erhalten Sie einen leicht nach innen gerundeten Übergang zwischen Fensterstock und Putz.

Nach dem Verglasen der Fenster nehmen Sie zum Abdichten

der Fugen zwischen Glas und Rahmen am besten Silicondichtstoffe aus 100 % reinem Silicon, die ebenfalls in Kartuschen erhältlich sind. Sie sind schwundfrei und damit formstabil, elastisch wie Gummi und witterungsbeständig. Außerdem sind sie in verschiedenen Farben im Handel, so daß Sie den passenden Farbton z.B. für Ihren lasierten Holzrahmen auswählen können. Falls die Farbskala nicht das Passende bietet, können Sie sich mit Silicon transparent behelfen.

Wie Acrylatdispersionen eignet sich **Silicon** für fast alle sauberen und trockenen Untergründe. Metalle und Kunststoffe sind vorher aufzurauhen. (Siehe S. 12!)

1. Mit Silicon können Sie Fugen zwischen 5 und 35 mm problemlos überbrücken. Bei tiefen Fugen empfiehlt es sich, sie vorher mit Styroporstreifen oder mit Polyethylenrundschnüren zu füllen. Die Siliconmasse selbst soll sich aus Dehnungsgründen nicht mit dem eigentlichen Untergrund verbinden. Die Fuge selbst muß so bemessen sein, daß die Bewegung der Bauteile nicht grösser als 25 % der Fugenbreite ist. (Maximale Dauerdehnung von Silicon 25 %). Eventuell muß die Fuge verbreitert werden, damit keine Rißbildung auftritt.

2.,3.,4. Der Arbeitsvorgang ist wie bei der Acrylatdispersion: Einlegen der Kartusche, Abschneiden der Verschlußkappe, Anpassen der Kunststoffspitze an die Fugenbreite, Ausspritzen, Glätten mit Spülmittelwasser.

Besonders exakt werden die Fugenkanten, wenn Sie vor dem Verfugen am Glas und Rahmen **Abdeckstreifen** aus Malerkreppband anbringen. Überschüssiges Silicon wird so beim Glätten nur auf den Klebestreifen geschoben. Die Klebestreifen müssen abgezogen werden, solange die Siliconmasse noch weich ist.

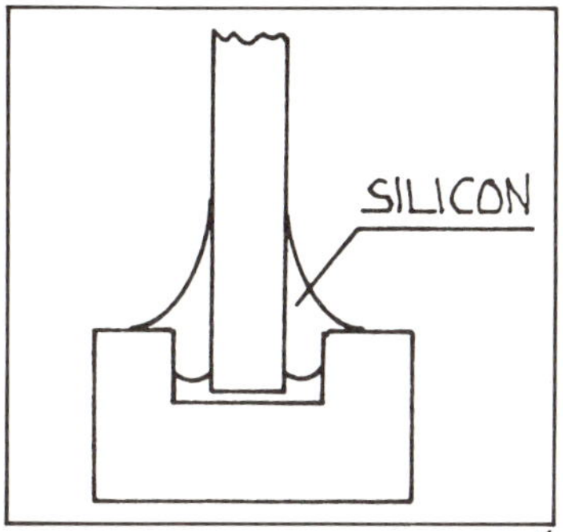

1

2

3

4

Ausgleichen des Fußbodens bei neuer Türschwellenhöhe

1

2

3

4

5

6

Wenn Sie bei einem Umbau eine Tür mit einem Schwellenband eingebaut haben, kann es sein, daß der Boden im anschließenden Raum zu niedrig ist. Dies läßt sich aber leicht ausgleichen. Seit einigen Jahren gibt es selbstfließende **Ausgleichsmasse**, die für den Innenraum und im Freien einsetzbar ist.

Die Fließmasse eignet sich für alle Beton- und Zementestriche. Der Untergrund muß **tragfähig**, **rißfrei**, **sauber** und **trocken** sein. Um eine bessere Haftung zu erreichen, empfiehlt es sich, den Untergrund vorher mit einer Stahlbürste naß abzuschrubben. Am Rand zu den Wänden hin können Sie schmale Styroporstreifen anbringen, um spätere Rißbildung zu vermeiden.

1.,2. Nach dem Trocknen behandeln Sie den alten aufgerauhten Estrich mit einer Grundierung, im Fachhandel erhältlich. Sie wird im Verhältnis 1:1 mit Wasser verdünnt und anschließend mit einem Schrubber oder einem harten Besen gleichmäßig über die ganze Fläche verteilt.

Lassen Sie die Grundierung ca. vier Stunden trocknen.

Mit der Fließmasse können rißfrei Schichten zwischen 2 und 10 mm aufgetragen werden. Durch die spezielle Fließeigenschaft erhält man eine glatte, ebene Fläche.

3. Nach dem Trocknen des Bodens mischen Sie sich die Ausgleichsmasse an. Sie streuen das Pulver in die entsprechende Menge Wasser und rühren die Masse anschließend mit einem Rührquirl glatt. Vermeiden Sie Klumpenbildung. Klumpen können zu Unebenheiten führen.

4.,5.,6. Beim Ausgleichen des Gefälles beginnt man an einer Stelle des Raumes, in unserem Fall bei der neuen Türschwelle. Sie schütten **abschnittweise** die Masse bis zur gewünschten Dicke auf dem Boden aus. Mit einer Kelle können Sie den Selbstverlauf des Fließmaterials noch unterstützen. Die Übergangsstellen zwischen den einzelnen Schüttvorgängen sollten leicht mit der Kelle nachgezogen werden.

7.,8.,9. Die Flächen selbst müssen nicht geglättet werden. Wichtig ist, daß **kontinuierlich frisches Material** angerührt wird. Die Verarbeitungszeit beträgt bei Raumtemperatur ca. 25 Minuten.

10. Nach ca. zehn Stunden ist die neue Bodenfläche begehbar. Bei sorgfältigem Arbeiten ist ein Schleifen oder Spachteln nicht mehr notwendig. Den Belag sollten Sie frühestens nach 5 - 7 Tagen belasten. Das ausgehärtete Material ist sehr druckfest, es kann sogar mit dem Auto befahren werden. Da die Ausgleichsmasse **wasserfest** ist, kann sie ohne Bedenken auch im Badezimmer eingesetzt werden.
Bereits nach zwei Tagen können keramische Beläge wie Fliesen, Kacheln oder Stein auf dem neuen Untergrund geklebt werden. Bei Parkett, PVC und Teppichboden empfiehlt es sich, 5 bis 7 Tage zu warten.

7

8

10

9

Montage eines Türdrückers

1

1. Die meisten Beschläge sind heute so konstruiert, daß die Befestigungstechnik wie Schrauben oder ähnlichem nicht sichtbar ist. Je nach Ausführung sind unterschiedliche Arbeitsschritte notwendig. Die folgende Montageanleitung bezieht sich auf einen beidseitigen Türdrücker mit separater Rosette.

2. Gegebenenfalls müssen Sie die Drückerbohrung im Türblatt vergrößern. Dazu eignet sich ein Zentrierfräser.

3. Meist wird mit den Beschlägen eine **Bohrschablone** mitgeliefert. Mit dieser Schablone werden die Zapfenlöcher für die Unterscheiben mit einem 7 mm-Bohrer auf beiden Seiten der Tür eingebracht. Achten Sie auf einen exakten rechtwinkligen Bohrungsverlauf, damit die Zapfen sauber einrasten.

4. Nun werden die Unterlegscheiben miteinander verschraubt. Die **Entriegelungsschieber** an den Drückerrosettenunterteilen müssen dabei nach oben zeigen. Die Gewindeschrauben müssen 7 - 12 mm, die Kreuzschlitzschrauben 2 - 7 mm länger als die Türstärke sein! Bitte überprüfen Sie dies vorab und besorgen sich eventeuell zu Ihrer Tür passende Schrauben.

5. Die Drückerteile werden einfach zusammengesteckt, bis sie in den Rosetten einrasten. Der Gewindestift am Drückerlochteil muß nach unten schauen.

6. Mit dem Innensechskantschlüssel (Schlüsselweite 2,5) ziehen Sie den Gewindestift an. Abschließend drücken Sie die Rosettendeckel auf die Unterteile. Bitte beachten Sie auch, ob Sie einen **Bart-** oder **Zylinderschloßrosettendeckel** benötigen.

7. Bei der **Demontage** des Türgriffes, z.B. wenn Sie das Türblatt auswechseln wollen, hebeln Sie die Rosettenkappen mit einem Stemmeisen ab. Mit dem Innen-sechskantschlüssel lösen Sie den Gewindestift.

Bevor Sie den Drücker mit dem Lochteil abziehen, müssen Sie mit einem Schraubendreher den Entriegelungsschieber nach unten drücken. Zum Schluß werden die Rosettenunterteile abgeschraubt.

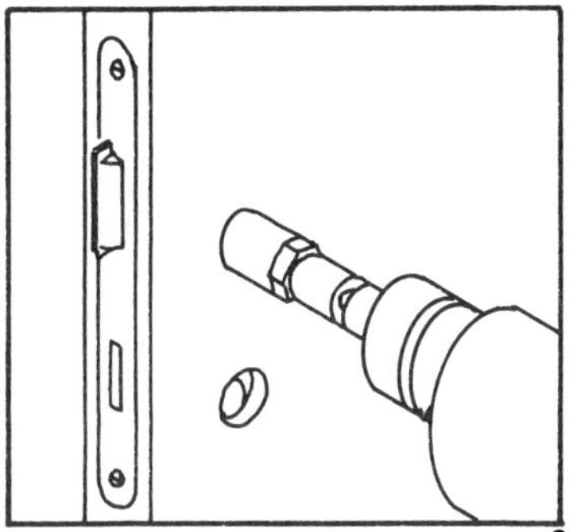

2

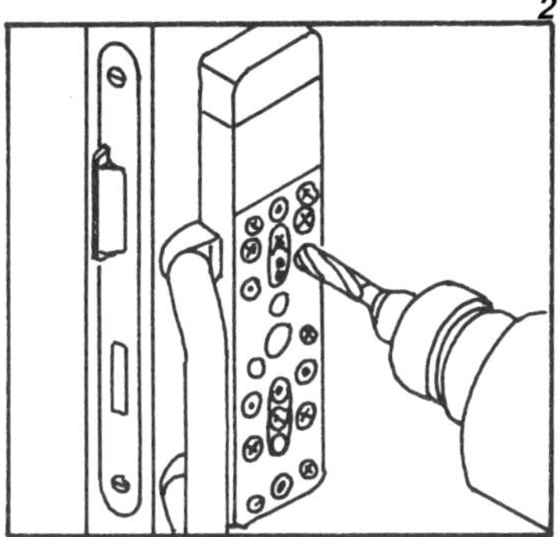

3

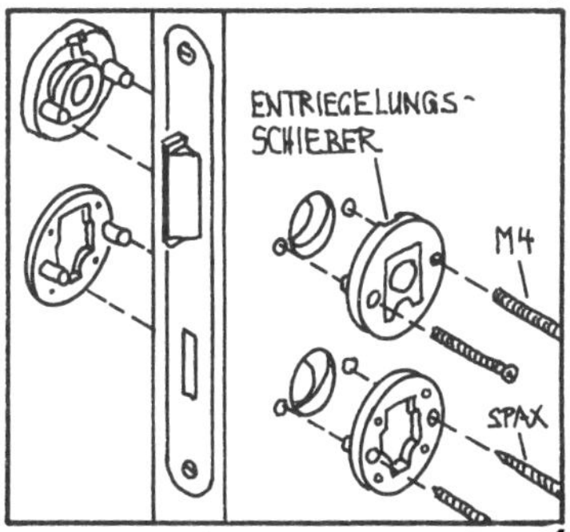

4

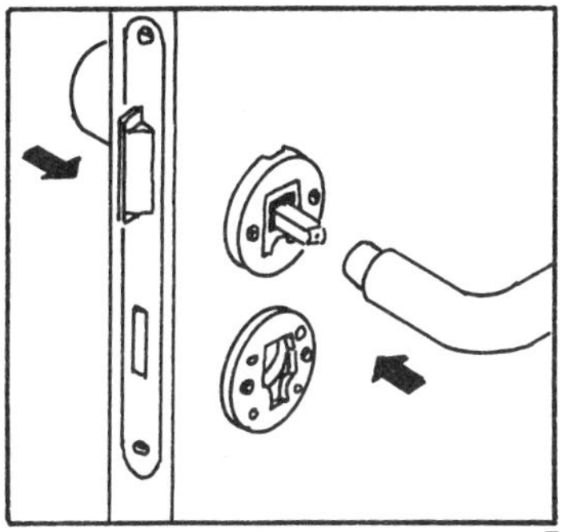

5

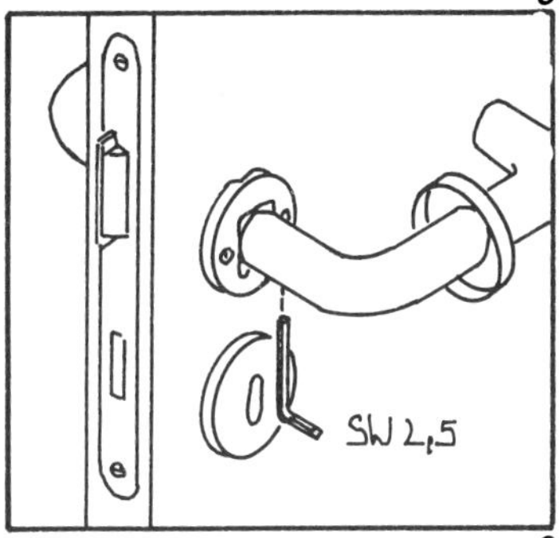

6

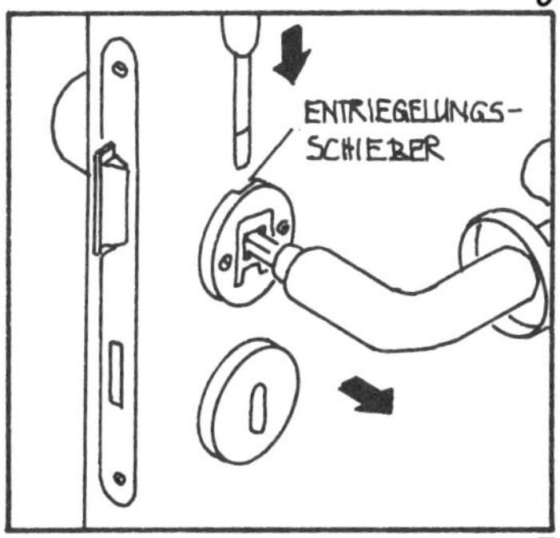

7

Anbringen einer Fensterolive

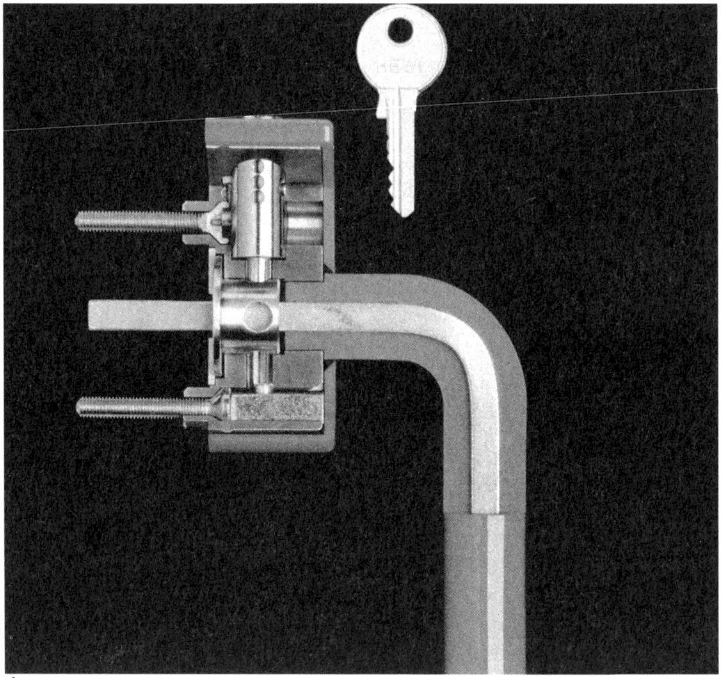

1

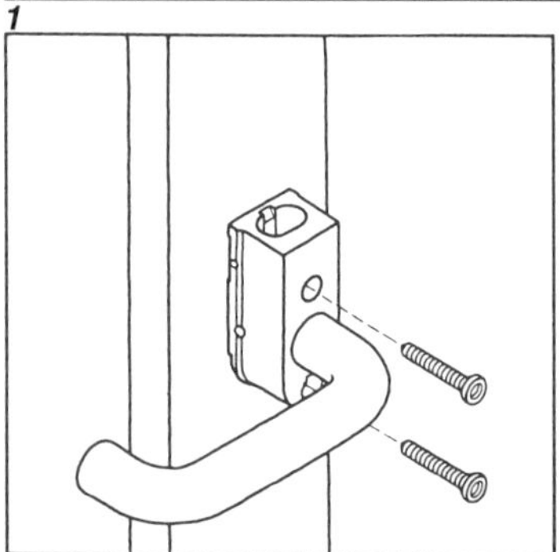

2

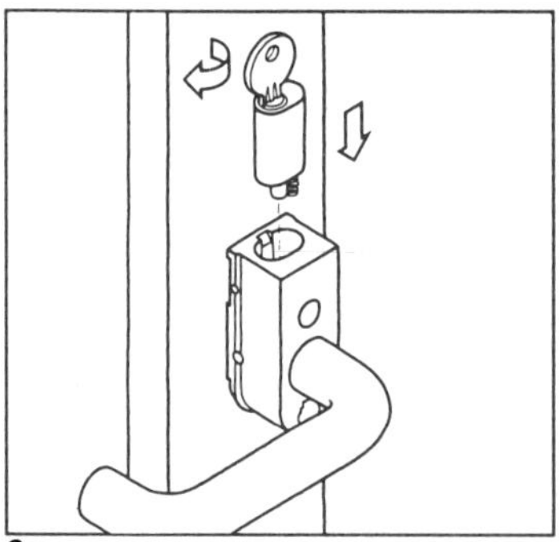

3

1. Abgestimmt auf Farbe und Form der Türbeschläge können Sie an den Fenstern passende Fensteroliven anbringen. Vor unbefugtem Öffnen schützt das **Zylinderschloß**. Achten Sie bei Kunststoffenstern mit Hohlprofilen auf die Herstellerhinweise!

2. Als erstes stellen Sie bei der Montage das Fenstergetriebe in Schwenkstellung. Das **Olivengehäuse** schrauben Sie mit den mitgelieferten Schrauben am Fensterrahmen fest. Der Griff steht dabei waagrecht. Das Zylindereinschubloch ist nach oben gerichtet. Achten Sie auf die exakte senkrechte Ausrichtung des Gehäuses!

3. Nun wird der Schließzylinder eingesetzt. Durch eine Drehung mit dem Schlüssel läßt sich der Zylinder ganz in das Gehäuse eindrücken.

4. Er wird mit einem **Sicherungsstift**, der im unteren Teil eingedrückt wird bis der Federbolzen einrastet, gesichert. Den Griff selbst befestigen Sie mit dem seitlich einzuschraubenden Gewindestift. Die Kappe schieben Sie abschließend auf das Gehäuse, bis es einrastet.

Beim Streichen des Fensters ist es ratsam, die Fensterolive abzunehmen.

5. Sie müssen dafür den Griff waagrecht in Schwenkstellung drehen. Der Schließzylinder wird verriegelt und bis zum Anschlag in das Gehäuse geschoben. Gleichzeitig hebeln Sie mit einem Stemmeisen die Kappe ab.

6. Als nächstes müssen Sie z.B. einem **Stahlnagel** (ø ca. 2 mm) in die seitliche Entriegelungsbohrung stecken. Der Schließzylinder läßt sich dann nach dem Entriegeln leicht herausziehen. Der Stift wird dabei in Richtung Fenster gedrückt.

7. Nun drehen Sie den Gewindestift heraus und ziehen das Griffteil aus dem Gehäuse.

8. Mit einem Schraubenzieher wird der **Federbolzen** des Sicherungsstiftes eingedrückt und der Stift durch leichtes Hochhebeln herausgeschoben.

9. Jetzt müssen Sie das Gehäuse nur noch abschrauben.
Sie können nun die Streicharbeiten sauber ausführen, ohne die Beschläge zu verschmutzen.

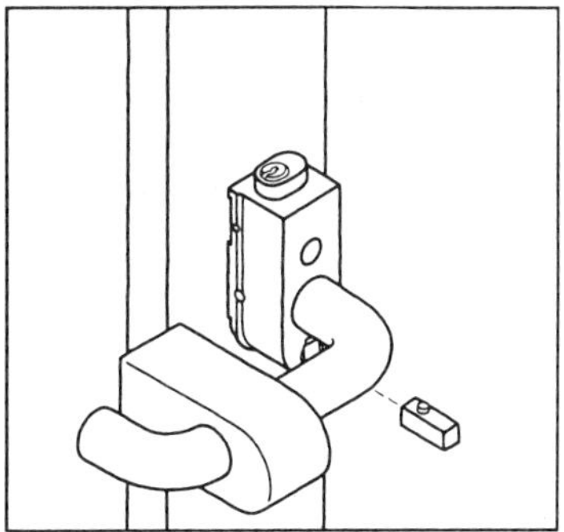

4

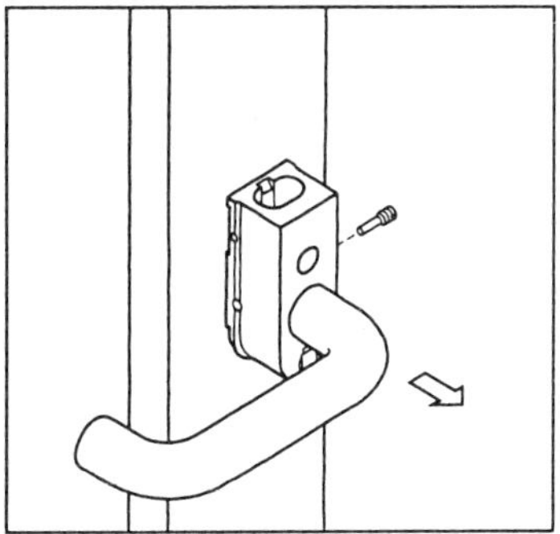

7

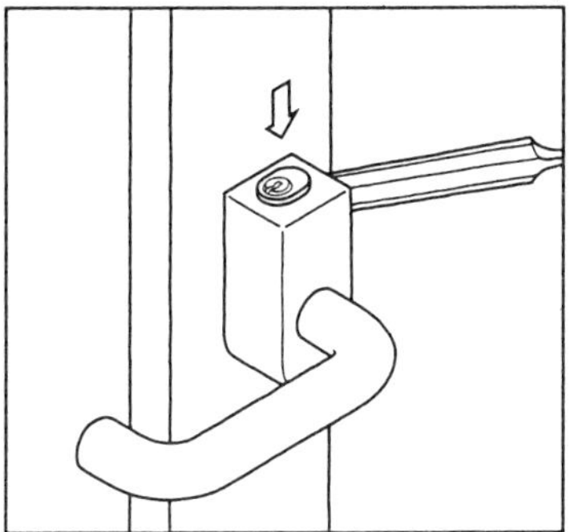

5

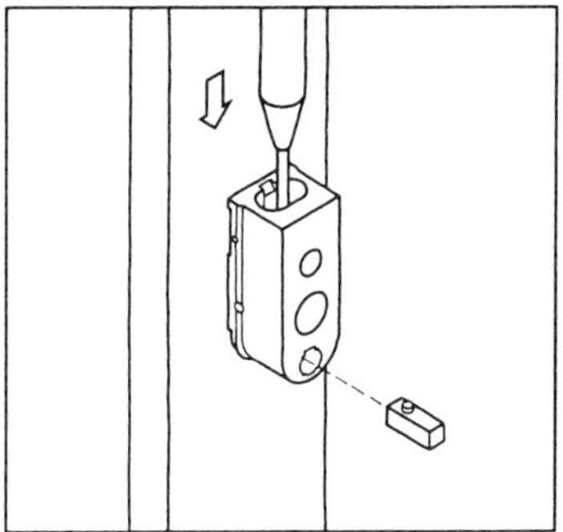

8

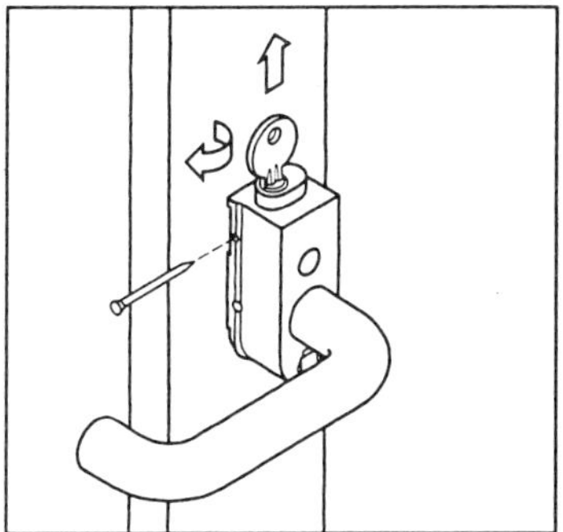

6

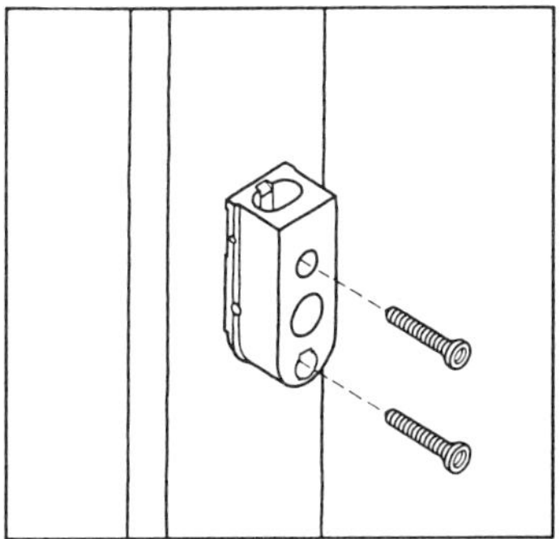

9

Einbau von Sturz- und Rolladenkasten

1

2

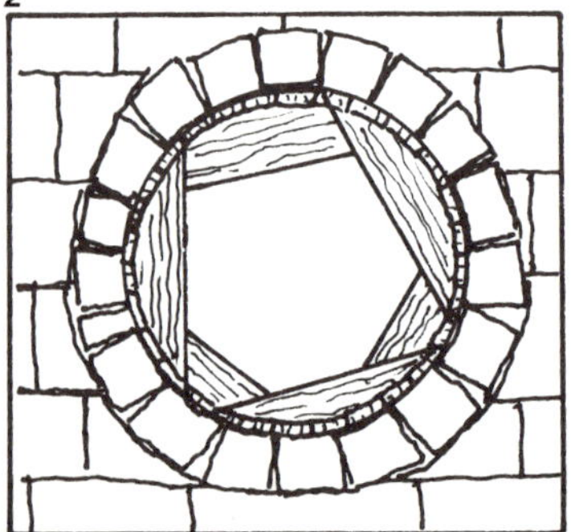

3

Bei allen tragenden Mauern müssen die Öffnungen mit bewehrten Stürzen überbrückt werden. Die Stürze können in verschiedenen Längen im Baustoffhandel gekauft werden. Neben Ziegelstürzen mit Beton-Stahlarmierung gibt es auch bewehrte Betonstürze und solche aus Gasbeton, die ebenfalls mit Stahlarmierung versehen sind .

1. Die **Sturztiefe** richtet sich nach der Dicke des Mauerwerks, ohne Putz. Die Länge sollte so bemessen sein, daß der Sturz bei einer lichten Öffnungsbreite bis zu 135 cm mindestens 20 cm links und rechts aufliegt, bei größeren Breiten mindestens 25 cm. Die Auflagebreite bei tragenden Rolladenkästen muß beidseitig mit 15 cm eingerechnet werden.

2.,3. **Bogenstürze** für Rund- oder Korbbögen sowie kreisförmige Fenster werden mit einer Schalungsschablone erstellt. Durch die bogenförmige Konstruktion wird die senkrechte Tragfähigkeit wesentlich erhöht, da die Kräfte seitlich abgeführt werden. Durch Einlegen von Baustahleisen kann die Belastbarkeit weiter erhöht werden.

4. Alternativ zu den Steinstürzen können **Stahlträger** senkrecht oder waagrecht eingebaut werden, z.B. beim Entfernen ganzer Mauerabschnitte.

5.,6. Rolladenkästen und Stürze werden normalerweise beim Hochziehen des Mauerwerkes gleich mit eingebaut. Wenn sie nachträglich eingefügt werden müssen, brechen Sie zuerst seitlich oben neben der gewünschten Maueröffnung die beiden Auflager in der notwendigen Höhe heraus. Anschließend schieben Sie den Sturz oder Rolladenkasten auf das aufgebrachte Mörtelbett und unterfüttern ihn, bis er oben anliegt. Noch offene Hohlräume werden satt mit Mörtel aufgefüllt.
Vorsicht! Verwechseln Sie beim Rolladenkasten nicht Außen- und Innenseite.

7. Bei der Bestellung des Rolladenkastens müssen Sie angeben, auf welcher Seite die **Gurtbandrolle** angebracht werden soll. Die Tasche für die Aufnahme der Spannrolle wird aus dem Mauerwerk gemeißelt. Der seitliche Abstand richtet sich nach der Auslaßöffnung am Rolladenkasten oben. Die Höhe orientiert sich an beriets bestehenden Gurtspannrolleneinbauten. Meist werden Sie in einer Höhe zwischen 100 und 120 cm angebracht. Tiefe, Breite und Höhe der Tasche selbst können Sie am Rollenkunststoffkasten selbst abmessen. Geben Sie etwa einen Zentimeter zu!

8. Damit beim Meißeln das relativ schmale Mauerstück zur Laibung hin nicht ausbricht, setzen Sie ausreichend tiefe Bohrlöcher entlang dem angezeichneten Ausschnitt. Weitere Bohrungen im Innenbereich vermindern die **Bruchspannung** zusätzlich. Mit dem Meißel brechen Sie die Verbindungen zwischen den Löchern auf, bis Sie die gewünschte Tiefe herausgearbeitet haben.

9. Den **Aufnahmebehälter** für die Gurtrolle können Sie einmörteln oder eingipsen. Bei der Verwendung von Polyurethanschaum zur Befestigung müssen Sie unbedingt Querspreizen in den Aufnahmebehälter einsetzen, damit er nicht zusammengedrückt wird. Putzen Sie den Ausschnitt zu! Decken Sie die Schraublöcher ab, in die zum Schluß die Gurtrolle eingeschraubt wird.

4

5

6

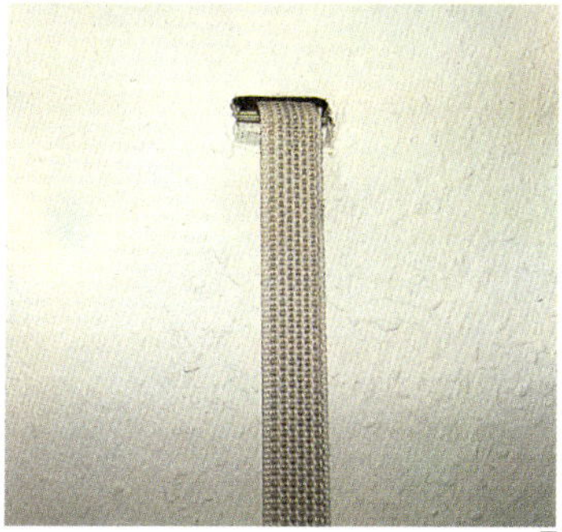

7

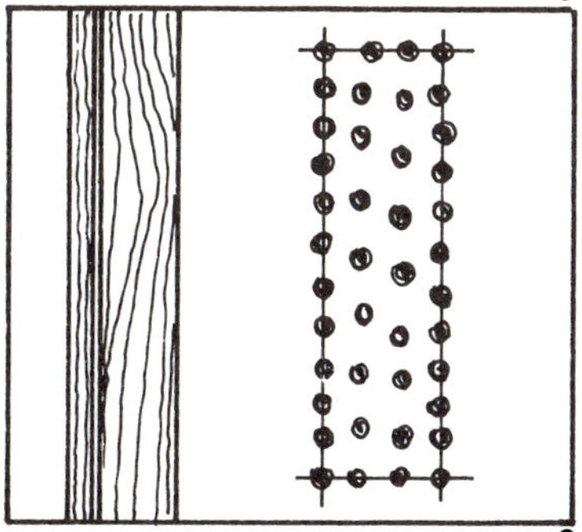

8

9

Einbau einer Zimmertür

1

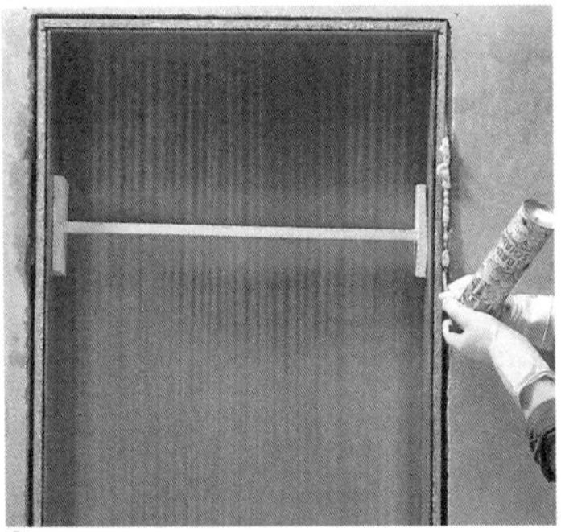
2

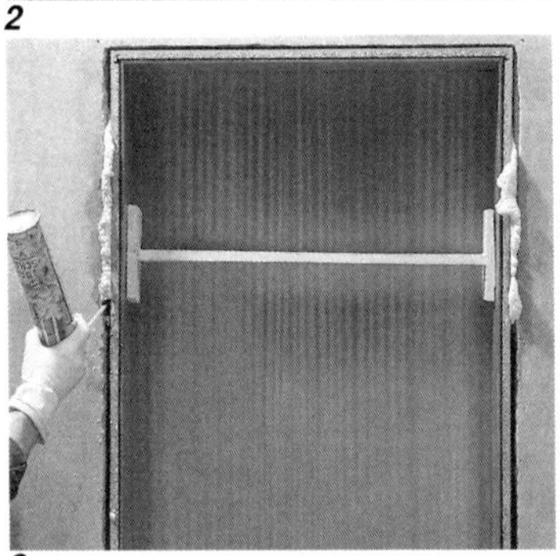
3

Früher wurden Türen durch Einschlagen von Nägeln im Türstock befestigt. Dafür mußten in entsprechender Höhe im Mauerwerk Steine aus weichem nagelbarem Material eingefügt sein. Heute werden die Türen meist mit Polyurthanschaum befestigt. Dieser Werkstoff hält auch starken Zugbelastungen, wie sie beim Zuschlagen einer Tür auftreten, stand. Spuren von Befestigungen am Türrahmen sind bei richtiger Handhabung nicht zu sehen.

Wie beim Fenstereinbau (siehe S. 38) wird der Türstock in den Mauerausschnitt gestellt. Das bereits am Türfutter befestigte **Bekleidungsteil** soll dabei überall fest an der Mauer anliegen. Ist dies nicht der Fall, muß die Bekleidung oder der Putz entsprechend nachgearbeitet werden. Kleine Lücken können mit Acryldispersion auch noch nach dem Montieren ausgespritzt werden.

Der Türstock muß in allen Richtungen mit der Wasserwaage auf seine **senk- und waagrechte Ausrichtung** überprüft werden. Berücksichtigen Sie auch die richtige Höhe, vor allem bei Türen mit einem Bodenanschlag oder einer Schwelle. Damit auch am Boden der richtige Abstand eingehalten wird, kann man vor dem Einsetzen von unten eine Leiste im entsprechenden Abstand auf die Türfutterteile nageln.

1. Wenn der Türstock exakt ausgerichtet ist, wird er verkeilt. Zwei eingesetzte **Querspreizen** verhindern, daß sich das Türfutter nach innen drückt. Die Verkeilung muß so fest sein, daß die Tür nun probeweise eingehängt werden kann. Prüfen Sie, ob die Tür überall gleichmäßig am Türstock anliegt und parallel zu den Bekleidungskanten verläuft. Eventuell müssen Sie die Verkeilung nochmals lösen und nachjustieren.

Nachträgliche Korrekturen sind beim Ausschäumverfahren nicht mehr möglich!

2.,3. Nun wird der **Zwischenraum** zwischen Türfutter und Laibung jeweils an drei bis vier Stellen mit Polyurethanschaum vorsichtig ausgespritzt. (Der Schaum vergrößert beim Aushärten sein Volumen!) Vergessen Sie nicht, die Teile mit dem Pinsel vorher anzunässen.

Vermeiden Sie Verschmutzungen des Türstockes mit dem Schaum.

Angetrocknete Reste lassen sich nur mechanisch abkratzen, wobei die Oberfläche des Türstockes beschädigt werden kann!

Die Schaumdose wird beim Arbeiten nach unten gehalten. Mit dem beigefügten Schlauchstück können Sie auch den Schaum in schmale Spalten gut einbringen. Die Spreizen fangen die Kräfte des sich ausdehnenden Bauschaums ab. Schäumen Sie immer gegenüberliegend auf gleicher Höhe, damit der Türstock sich nicht verzieht.

4. Nach ca. ein bis zwei Stunden können Sie die aus dem Spalt herausgequollenen, inzwischen ausgehärteten Polyurethanschaumwürste mit einem scharfen Messer bündig an der Futterkante abschneiden.

5. Wenn Sie die Schnittfläche genauer ansehen, werden Sie feststellen, daß der Schaum den ganzen Spalt flächig ausgefüllt hat. Nach etwa acht Stunden ist der Schaum durchgehärtet und belastbar.

6. Nun können Sie die eingefügten Spreizen aus dem Türrahmen entfernen. Wahrscheinlich müssen Sie dabei einen Hammer zuhilfe nehmen, da der Schaum durch die Ausdehnung die Spreize auf Spannung gebracht hat. Die eingeschlagenen Keile werden, falls Sie sich nicht mehr herausnehmen lassen, mit einem Stemmeisen rahmenbündig abgeschlagen.

Der restliche Hohlraum muß nicht mehr ausgemörtelt werden. Bei Türen zwischen geheizten und kalten Räumen können Sie die Lücken vor dem Entfernen der Spreizen aber ebenfalls noch mit Polyurethanschaum ausspritzen, da dieser Werkstoff gute Isolierungseigenschaften aufweist.

Zuletzt passen Sie die zweite Verkleidung auf das Türfutter. Auch hier soll vor dem endgültigen Befestigen auf die satte Auflage der Bekleidung an der Mauer und am Türfutter geachtet werden. Die an der Futterunterkante angebrachte Leiste wird entfernt. Nun können Sie die Tür einhängen und durch die verstellbaren Bänder passend ausrichten.

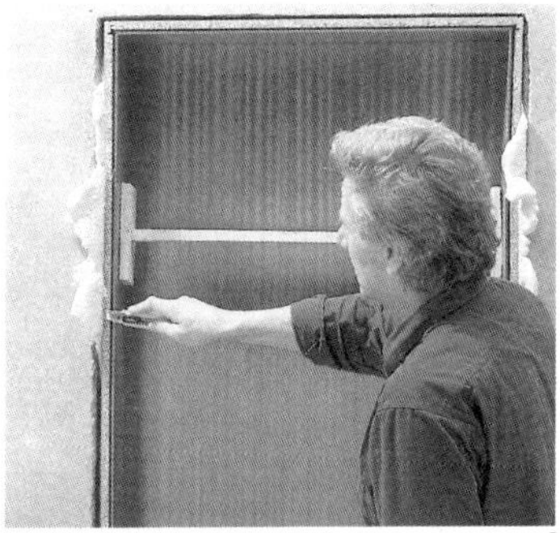

4

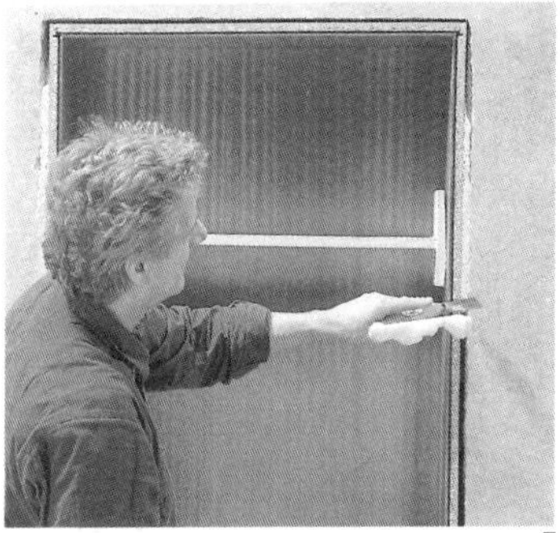

5

6

Eine alte Tür wird wieder neu

Material
Türrenovierungselement, Holzteile

Werkzeug

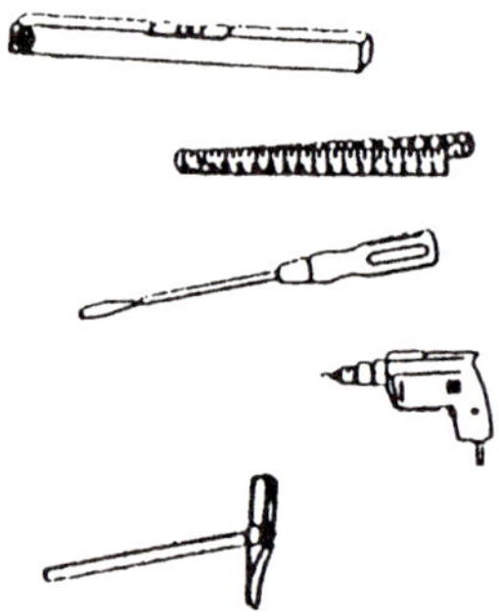

Schwierigkeitsgrad

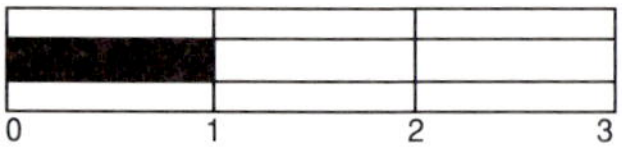

Kraftaufwand

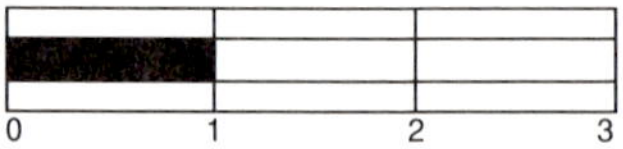

Arbeitszeit
Im Normalfall ist die Tür in einer Stunde eingebaut

Ersparnis
Durch den Einbausatz sparen Sie bis zu 500 Mark.

Bei Renovierungen paßt oft die alte Tür und der Rahmen nicht mehr zur Einrichtung. In unserem Fall soll der alte Stahltürrahmen durch einen neuen Holzrahmen ersetzt werden. **Renovierungselemente** helfen Ihnen, den Rahmen mit geringem Aufwand auszuwechseln.
Wichtig ist, daß Sie die für Ihren alten Rahmen passende Renovierungseinheit bestellen. Zunächst entfernen Sie den Dichtungsgummi und die Bänder am alten Rahmen. Die Bänder lassen sich abschrauben.

1-3. Nun schrauben Sie die Falzbekleidung zusammen und stellen sie in den Türausschnitt. Richten Sie den Rahmen nach allen Richtungen im Wasser ein, setzen die Bänder ein und verschrauben die Bekleidung mit der Stahlzarge. Hängen Sie die Tür ein und überprüfen den sauberen Sitz.

4, 5. Als nächstes leimen Sie die Laibungsbretter ein und befestigen sie mit den Montageklammern am Stahlrahmen.

6. Nun leimen Sie noch die Zierbekleidung in die Nut am Laibungsbrett ein. Fertig!

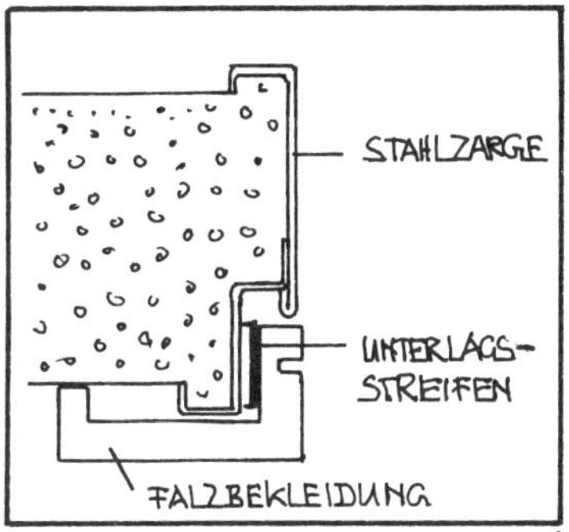

1

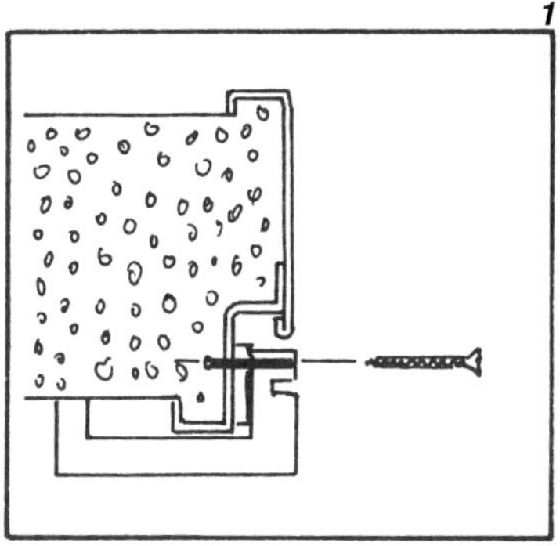
2

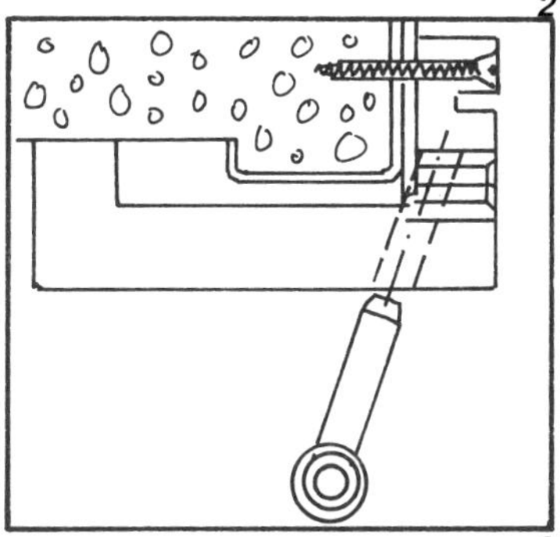
3

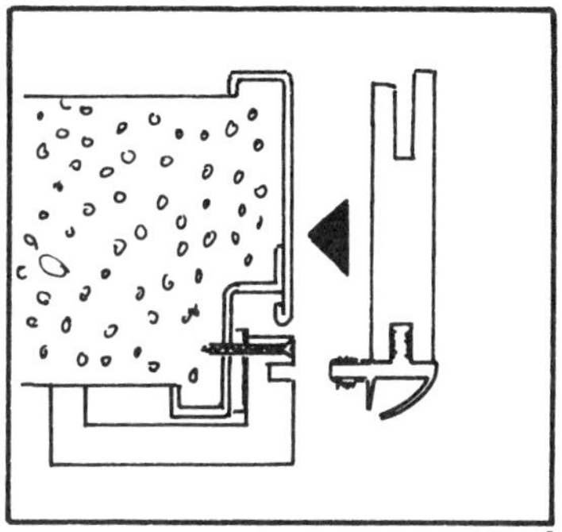
4

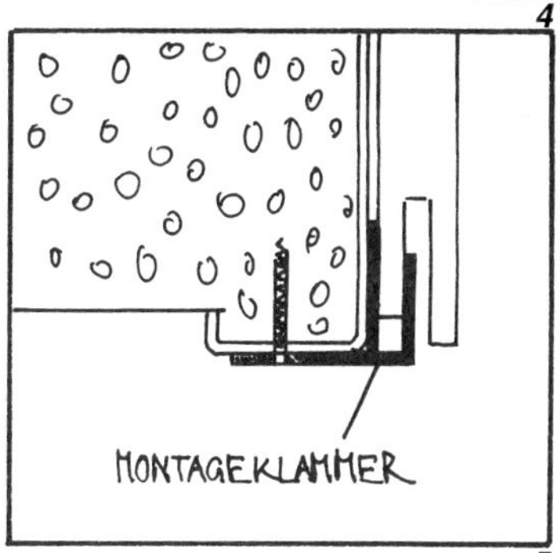

5

6

Ein Fenster aus Glasbausteinen

Material
Glasbausteine in der benötigten Menge, Fertigmörtel, Styropor, Polymethanschaum, Bitumenpappe

Werkzeug

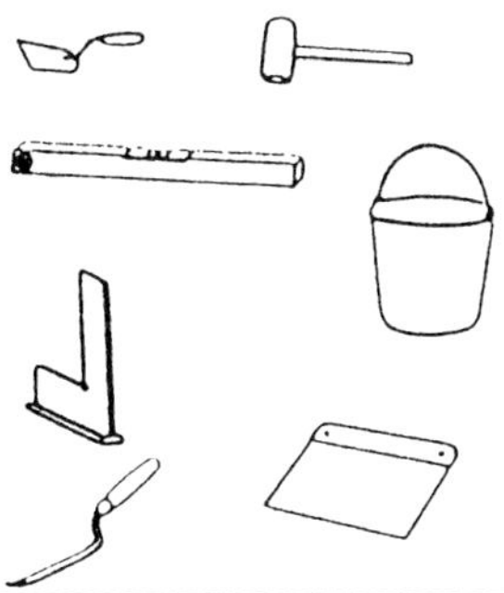

Schwierigkeitsgrad

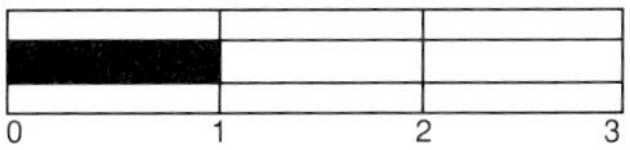

Kraftaufwand

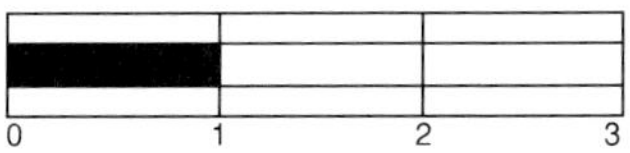

Arbeitszeit
Pro Quadratmeter ohne Vorarbeiten ca. 1 Stunde

Ersparnis
Pro Quadratmeter sparen Sie ca. 70 bis 80 Mark.

Ein Fenster aus Glasbausteinen, bietet die vorteilhafte Möglichkeit, Tageslicht auch in Eingänge und Flurbereiche einfallen zu lassen und es eignet sich hervorragend als Trennwand. Durch die verschiedenen Oberflächenstrukturen und Einfärbungen wird gleichzeitig unerwünschte Einsicht verwehrt. Durch ihren doppelwandigen Aufbau erzielt man mit diesem Werkstoff auch eine gute Wärmeisolierung.

Die Verarbeitung von Glasbausteinen läßt sich leicht selbst ausführen. Sie werden wie Ziegel, aber nicht im Verband, sondern Stoßfuge über Stoßfuge, vermauert. (Die Stoßfuge ist die senkrechte Fuge, mit Lagerfuge wird die waagrechte bezeichnet). Als Mörtel können Sie bei kleineren Flächen einen etwas festen angemischten Fertigmörtel verwenden.

1.-3. Sehr wichtig bei der Verarbeitung von Glasbausteinen ist der **Anschluß an Mauerfugen** oder **Türzargen**. Bei kleinen Fenstern kann der Anschluß stumpf ausgeführt werden. Grössere Glasbausteinflächen lassen sich seitlich durch ein Stahl-U-Profil oder durch ein Winkeleisen

1

2

3

4

5

6

mit rückseitigem Maueranschlag führen.

Wenn bauseits möglich, können auch seitlich Schlitze im Mauerwerk und Auflager für die ausreichende Stabilität sorgen. Bei breiten Fenstern müssen für die Querstabilität **Baustahlstäbe**, zum besseren Schutz vor Rost verzinkt, in die Lagerfuge eingelegt werden. Ist das Glasbausteinfenster Bestandteil einer tragenden Mauer, lassen Sie sich die Konstruktion sicherheitshalber von einem Statiker berechnen.

Die quer eingelegten Stahlstäbe dürfen die Glasbausteine selbst nicht berühren, sondern werden vom Mörtel umschlossen. Die gesamte Konstruktion, Glasbausteine und umgebende Mörteleinrandung, wird vom übrigen Mauerwerk abgetrennt. Umseitig ist ein **Dehnungsfugenband** aus einem nicht verwitterbaren, nachgiebigen Werkstoff wie Hartschaum oder Polystyrol in einer Breite von 10 - 20 mm einzuplanen. Am Sockel und am Sturz wird zusätzlich ein Hartschaumstreifen aufgelegt, damit sich unter Belastung der Sturz nicht auf die Glasbausteine legt.

Glasbausteine dürfen nie bei Frostgefahr verarbeitet werden. **Beschädigte Steine** müssen aussortiert werden. Klopfen Sie die Steine nur mit einem Gummihammer fest, nie mit einem harten Gegenstand wie Maurerkelle oder Eisenhammer, da es sonst leicht zu Riß- und Sprungbildung kommen kann. Schlagen Sie auf keinen Fall auf die Mittelnaht der zweiteilig verschmelzten Glassteine.

4. Sie sehen, daß im abgebildeten Beispiel die linke Dehnungsfuge mit einem Polystyrolstreifen ausgelegt ist. Unten und rechts wurde eine **Führungsschiene** aus Aluminium am Mauerwerk befestigt.

Nachdem Sie das Lager vorbereitet haben, bringen Sie die erste Mörtelschicht auf das Bitumenband auf. Zuerst setzen Sie links und rechts einen Glasbaustein in der gleichen Tiefe. Richten Sie beide senkrecht im Lot aus und überprüfen Sie, ob beide Steine auch wirklich waagrecht liegen.

5. Dann passen Sie quer eine Schnur zwischen die beiden Steine als **Richtmaß** für die erste

Reihe. Mit dem Gummihammer richten Sie die Steine in der Höhe und der Flucht aus.

6. Wenn die erste Reihe gemauert ist, füllen Sie die **Stoßfugen** mit dem Fugeneisen aus und verdichten anschließend den Mörtel. Alle Fugen müssen unbedingt hohlraumfrei ausgeführt werden!

7., 8. Bringen Sie nun den Mörtel für die **zweite Lagerfuge** auf. Wieder wird links und rechts ein Stein im Wasser gesetzt, die Schnur gespannt und die Reihe gemauert. Achten Sie darauf, daß alle Stoß- und Lagerfugen gleich breit sind. In den vom Statiker angegebenen Abständen legen Sie die notwendigen Armierungsstäbe in das Lagerfugenmörtelbett ein.

9. Nachdem Sie die Glasbausteinwand erstellt haben, wischen Sie die Fugen außen und innen mit einem feuchten Schwamm nach, damit mögliche Mörtelüberstände nicht antrocknen.

10. Verfugt wird auf dem noch feuchten Mörtelbett. Die Fugen werden mit einem **witterungsbeständigen, wasserundurchlässigen** Fugenmörtel, der in verschiedenen Farben erhältlich ist, ausgefüllt. Dafür verwenden Sie am besten einen Gummiwischer, den Sie flächig über die Glasbausteinwand ziehen.

11. Wischen Sie die Glasflächen zwischendurch immer wieder mit einem Schwamm ab, damit der Fugenmörtelfilm nicht auf den Sichtflächen festklebt.

7

8

11

10

9

Dachbodenausbau: Dachfenster sorgen für Helligkeit

Material
Einbaufenster, Eindeckrahmen, Innenfutter, Balken, Dachlatten, Dämm- und Isolierstoffe

Werkzeug

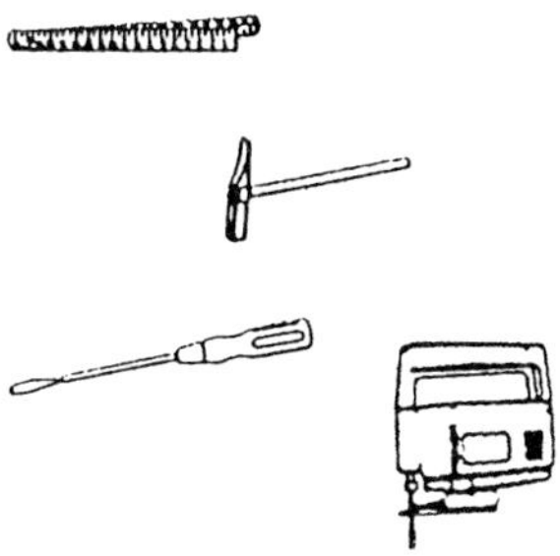

Schwierigkeitsgrad

Kraftaufwand

Arbeitszeit
Für Kompletteinbau
1-2 Tage

Ersparnis
Durch Fertigbausatz und Eigenleistung je nach Fenstergröße 500-1000 Mark

Was wäre ein Dachausbau ohne genügend Tageslicht. Neben dem Einbau von Fenstern an den Giebelfronten kommt man meist nicht umhin, Dachfenster einzuplanen.
Dafür steht Ihnen ein ausgereiftes Programm von verschiedenen **Fertigfenstern** in unterschiedlichen Größten und Formen zur Verfügung. Vom Fenster selbst, über den passenden Eindeckrahmen bis zum Innenfutter bieten einige Hersteller **komplette Systeme** an, die leicht einzubauen sind.

1. Nachdem Sie den für Ihre Zwecke geeigneten Typ ausgewählt haben, - beachten Sie bei der Größe des Fensters den Sparrenabstand - beginnen Sie mit der Vorbereitung des **Dachausschnittes**. Zuerst nehmen Sie an der gewünschten Stelle die Dachziegeln ab.

2. Meistens paßt der vorgegebene Sparrenabstand Ihres Dachstuhls nicht ganu für den Einbau des Dachfensters. Deswegen muß eine zusätzliche **Hilfskonstruktion** eingezogen werden, damit das Fenster montiert werden kann, und der Dachstuhl nicht an Tragfähigkeit verliert.

1

2

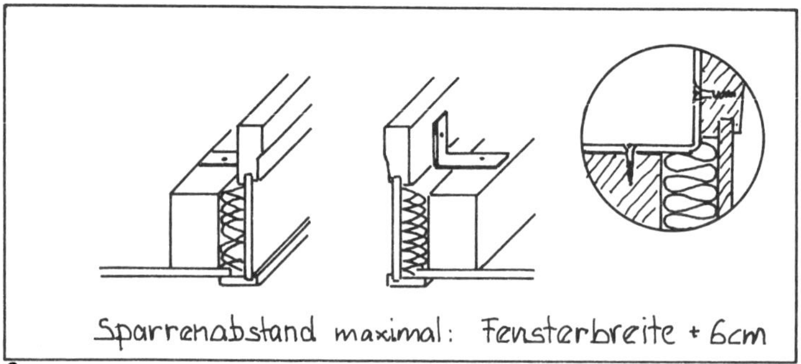

3

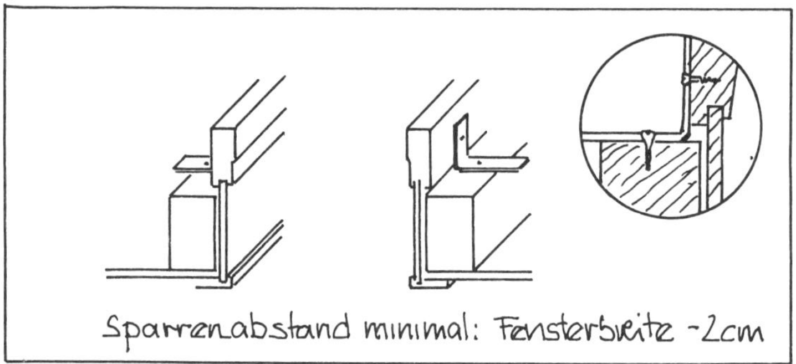

4

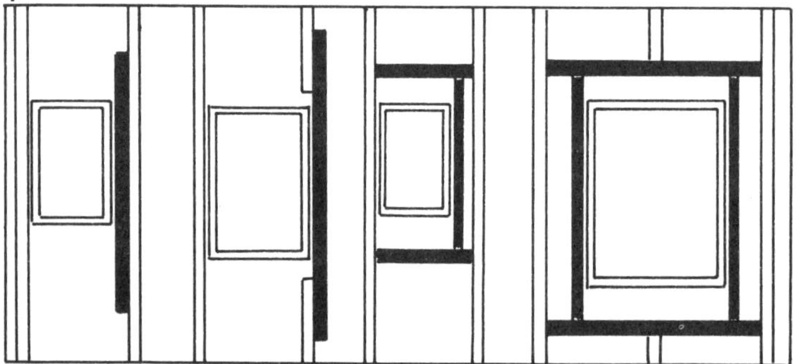

5

Bei Arbeiten auf dem Dach müsen Sie unbedingt auf ausreichende Absturzsicherung und stabile Gerüste achten. Seilen Sie sich am besten an!

3.,4. Der **idealer Sparrenabstand** ist gegeben, wenn er um 6 cm größer ist als das einzubauende Fenster. In diesem Fall ergibt sich links und rechts ausreichend Platz für die einzubringende Dämmung. Eingebaut werden kann das Fenster noch bei einem Abstand, der 2 cm kleiner ist als das Fenster.

5. Ist der Ausschnitt zu groß oder zu klein, muß eine Hilfskonstruktion eingebaut werden. Gegebenenfalls reicht es aus, wenn Sie einen Sparren aufdoppeln und damit den Zwischenraum verkleinern. Im zweiten Fall ist der Abstand zu klein, kann aber durch Herausschneiden des Sparrens und durch Aufdoppeln auf der äußeren Seite auf jeden Fall vergrößert werden. Bei größeren Abständen müssen oben und unten sowie seitlich **Hilfssparren** eingezogen werden. Zwei Querbalken sind notwendig, wenn ein senkrechtes Sparrenstück ganz herausgenommen werden muß.

6. Der **Blendrahmen** wird mit den Montagewinkeln seitlich an den Dachsparren befestigt. Im Blendrahmen sind links und rechts Nuten eingefräst. In diese rasten die Spitzen ein, die aus den Winkeln herausragen. Dadurch können Sie in der Höhe, je nach Dachlattendicke, variieren. Die rot markierte Nut muß mit der Oberkante der Auflattung bündig sein, damit der Eindeckrahmen plan aufliegen kann.

Durch die **Langlöcher** am waagrechten Winkelschenkel läßt sich der Rahmen so ausrichten, daß die Fugen zwischen Rahmen und Fensterflügel überall gleich breit sind. Drehen Sie deshalb die Schrauben in den oberen Winkeln nur bis zur Hälfte ein und richten den Rahmen ein.

7.,8. Wenn die Oberkanten der Sparren nicht exakt auf einer Ebene liegen, kann das Fenster hängen. Überprüfen Sie dies, indem Sie den Fensterflügel unten leicht öffnen. Der Spalt soll gleichmäßig breit sein. Andernfalls müssen Sie an der hängenden Seite den Winkel mit dem mitgelieferten Keil unterfüttern, bevor Sie alle Winkel fest anschrauben.

9. Zur **Abdichtung des Übergangs** zwischen Fenster und Dach wird der Eindeckrahmen um das Fenster herumgelegt. Dafür hängen Sie das Fenster einfach aus. Der Abstand zwischen Dachfensterunterkante und Beginn der Dach-eindeckung soll zwischen 6 und 8 cm liegen. Der untere Teil des Eindeckrahmens mit der Bleischürze wird oben bündig an den Blendrahmen genagelt. Die Seitenteile schieben Sie in die Führungslaschen ein und nageln sie am Blendrahmen fest. Mit Klipsen werden sie auf den Dachlatten befestigt. Schrauben Sie nun die oberen Blechteile auf.

10. Die **seitlichen Überstände** des unteren Eindeckrahmenteils werden nach innen geknickt, da-

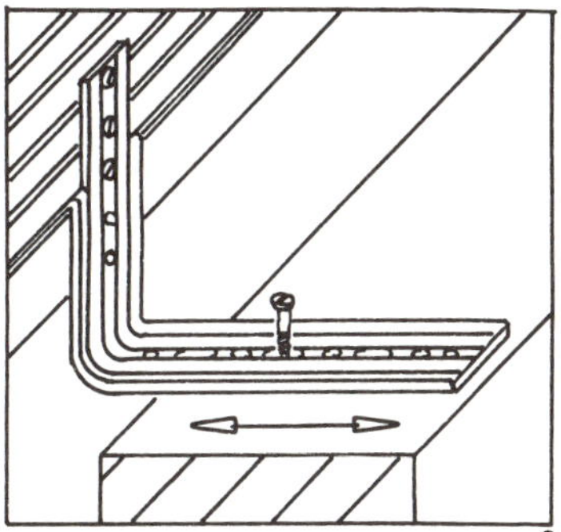

6

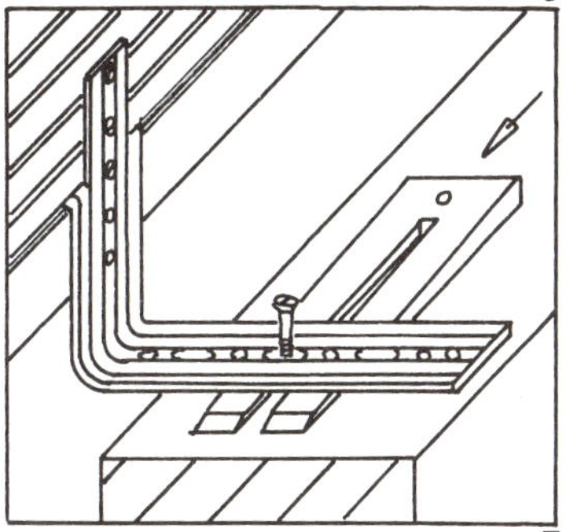

7

9

8

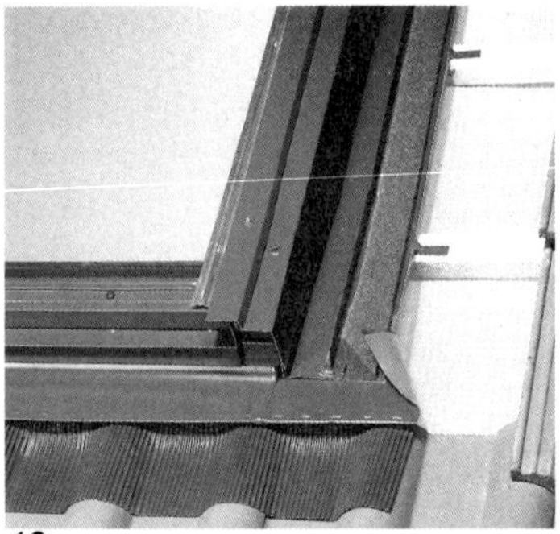

10

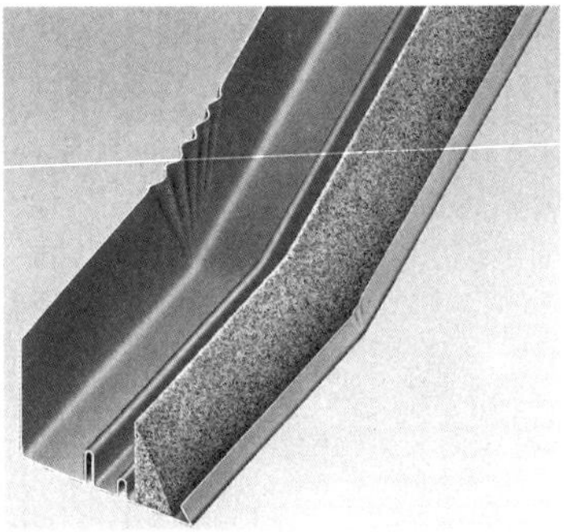

11

12

13

14

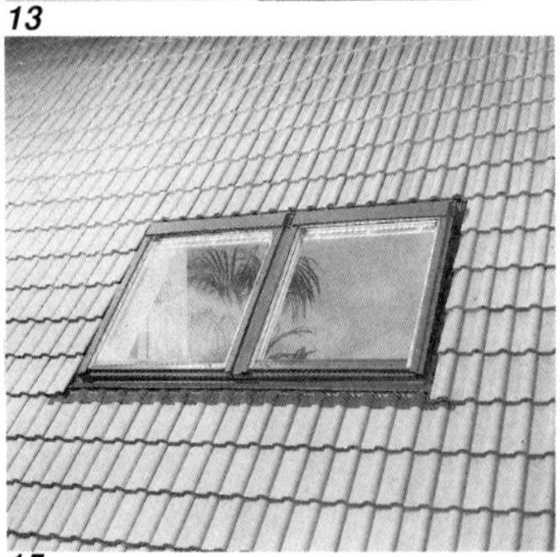

15

mit das Wasser an dieser Stelle nicht unter das Dach laufen kann. Die Bleischürze wird dem Dachmaterial angeformt.
Eindeckrahmen sind lieferbar für normale und hohe Dachziegel sowie für flache Eindeckung mit Schiefer, Biberschwanzziegel, Holz- oder Bitumenschindeln oder Dachpappe.

11.,12. Die Seitenteile bieten Sicherheit vor dem Eindringen von Wasser, Staub und Flugschnee. Neben den beiden **Wasserableitfalzen** ist abschließend hinter dem Schaumstoffdichtungsprofil das Blech nochmals abgekantet. Der untere Teil ist geknickt, damit die Seitenteile genau auf die erste unter dem Fenster durchlaufende Ziegelreihe aufgesetzt werden können. Der Abstand zwischen Eindeckrahmen und Dachziegel soll zwischen 30 und 60 mm liegen.

13. Oben liegt der Ziegel auf einem Steg. Dadurch wird eine gleichbleibende Höhe in der Ziegelreihe gewährleistet.

14.,15. In ähnlicher Weise werden auch die Aufkeilrahmen und Rahmen für zwei oder mehrere Fenster montiert.

Wenn Sie das **Innenfutter** selbst erstellen wollen, müssen Sie einige Dinge berücksichtigen:

16. Normalerweise sind Dächer heutzutage mit einer Dämmschicht und einer dampfdichten Folie ausgestattet. Durch den Fenstereinbau entfernte Teile müssen wieder ergänzt werden. Die Dämmschicht und Dampfsperre (schwarzweiße Linie in den Abbildungen) sind bis zum Innenfutter und dem Fensterrahmen fortzusetzen, damit Sie wirksam bleiben.
Ist das für das Innenfutter verwendete Material nicht dampfdicht, muß es ebenfalls mit der Sperrfolie ummantelt werden.
Der Anschluß des Innenfutters am Fenster erfolgt in der am Fenster angebrachten Nut. In die Nut können Sie ein **Dichtungsband** zur besseren Wärmeisolierung einfügen.

18. Wegen des besseren Lichteinfalls soll das **Sturzbrett** waagrecht ausgeführt werden oder wie bei den Fertigbausätzen gebogen sein, damit mehr Platz für die Wärmedämmung entsteht.

19. Berücksichtigen Sie bei der Anbringung von **Fensterbänken**, daß diese nicht direkt am Fenster anschließen dürfen. Der Flügel muß nämlich voll bis zum Anschlag herumgeschwenkt werden können.

20. Der Einbau eines dampfdichten Innenfutterfertigbausatzes läßt sich leicht anhand der beiliegenden Montageanleitung bewerkstelligen.

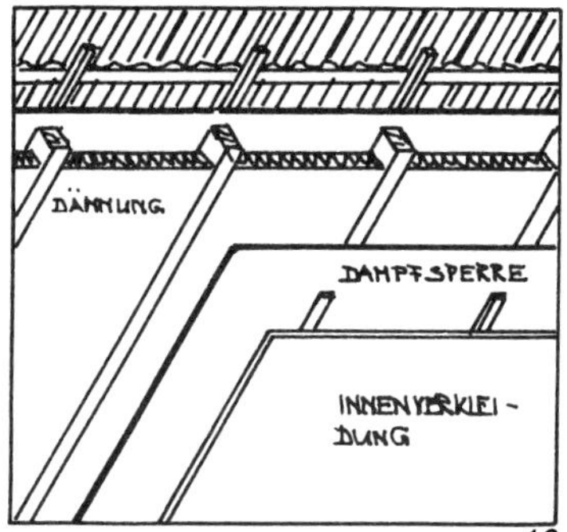

16

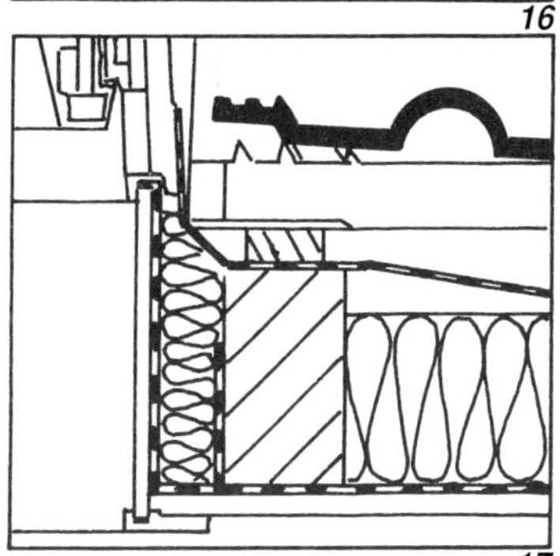
17

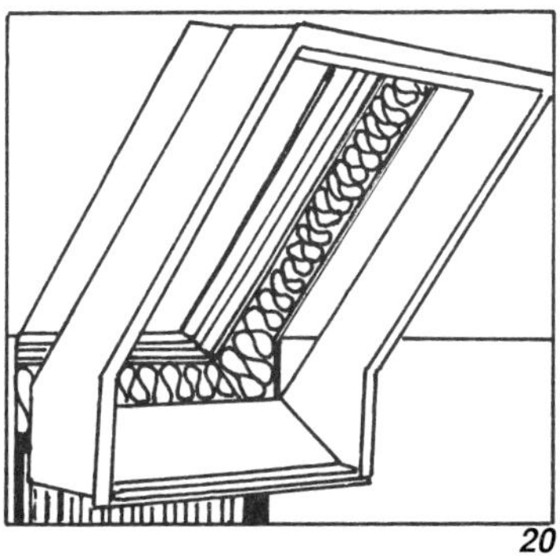
20

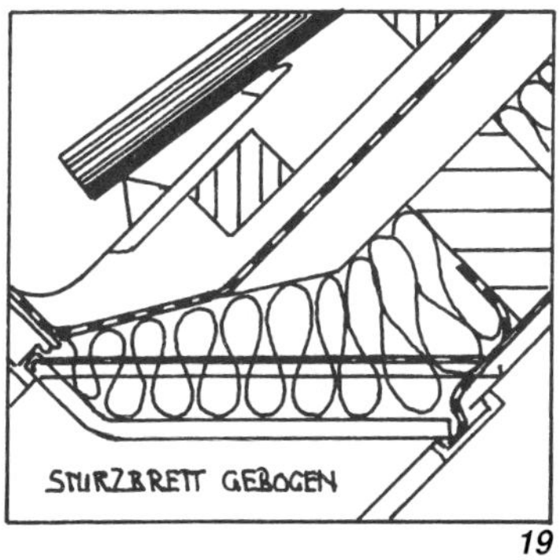

19

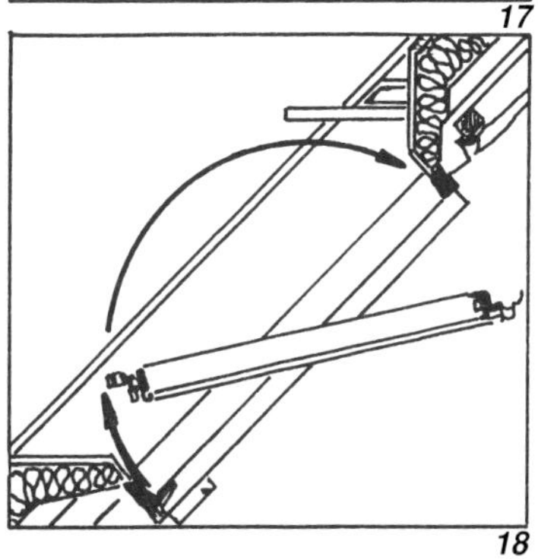
18

Ein Dachfenster mit Balkon

1

2

3

4

Der Einbau einer **Dachloggia** ist vielfach aus Platzgründen und bautechnischen Gegebenheiten nicht möglich. Und trotzdem müssen Sie nicht darauf verzichten.

1.-4. Durch den Einbau eines ausklappbaren **Balkonelementes** können Sie selbst einen kleinen Balkon einbauen. Der Dachbalkon wird wie ein normales Dachfenster eingebaut. Seine Gesamthöhe beträgt 254 cm, reicht also je nach Dachneigung fast von der Decke bis zum Boden. Die obere Einheit funktioniert wie ein traditionelles Dachfenster. Es läßt sich im 45° Winkel öffnen. Der Fensterflügel hält sich stufenlos in jedem Öffnungswinkel.

Der untere Balkonteil kann senkrecht ausgeklappt werden. Die seitlichen Geländerteile falten sich dabei automatisch mit auf. Das Geländer ist 94 cm hoch und entspricht damit den Sicherheitsnormen. Die Breite beträgt 94 cm. also mehr als die normale Türbreite.

Die **Fensterbalkoneinheit** kann bei einer Dachneigung zwischen 35° und 53° eingebaut werden.

Außerdem besteht die Möglichkeit, seitlich weitere Dachfenstereinheiten zu ergänzen. Auch für diese erweiterte Lösung gibt es wie für den Dachbalkon passende Gesamteindeckrahmen und geeignete Innenfuttersysteme.

5. Bei etwas flacheren Dächern kann der niedrige Dachraum optimal zu einer **Terrasse** umfunktioniert werden. Durch die abgeknickten Dachfenster, bei denen sich der untere Teil rechts oder links anschlagend öffnen läßt, kann man problemlos ins Freie gelangen: Fenster oben ausklappen (bis zu 45°) und Türe unten öffnen. Außer der Tür gibt es für unten auch feststehende Teile. Diese Lösung ist ebenfalls für Dächer mit einem Neigungswinkel zwischen 35° und 53° zugelassen.
Zusätzlich zum Fenstereinbau müssen Sie noch das Geländer, einen wasserdichten Loggiabelag und die Verkleidung der seitlichen Begrenzungsflächen, die durch den Ausschnitt nun offen sind, erstellen, was sich z.B. durch eine isolierte und verputzte Spanplattenkonstruktion oder eine mit Isoliermaterial kaschierte Gipskartonplatte leicht bewerkstelligen läßt.

5

Die Dachgaube - eine Alternative zum Dachfenster

1

Material
Bleischürze, Dachlatten, Innenverkleidung

Werkzeug

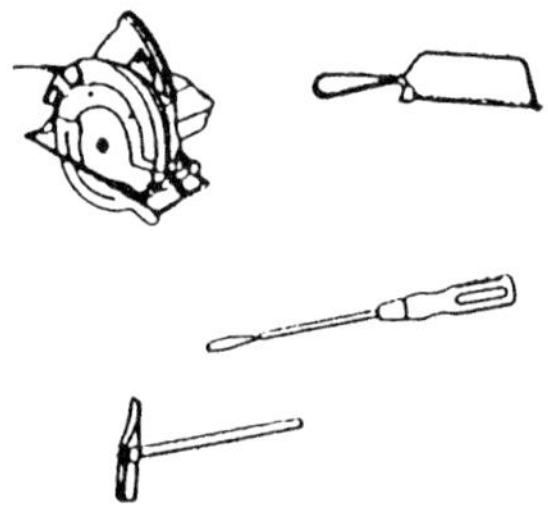

Schwierigkeitsgrad

Kraftaufwand

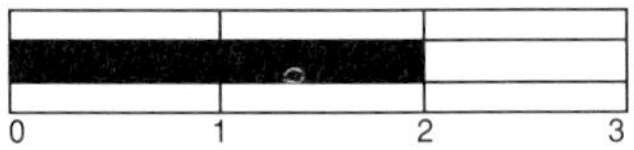

Arbeitszeit
Mit einer Hilfsperson ist die Gaube ohne Aussparungsarbeiten in einer Stunde montiert

Ersparnis
Sie sparen sich einige hundert Mark.

1. Eine Alternative ist sicherlich der Einbau einer **Dachgaube**. Dabei können Sie auf Fertigbausätze zurückgreifen, die den Einbau erheblich erleichtern.

2. Der **Dachausschnitt** muß exakt vorbereitet werden, lassen Sie sich dafür die Statik erstellen, da dies einen Eingriff in die Dachkonstruktion bedeutet. Die lichte Sparrenweite ist je nach Ausführung der Gaube 116, 141 oder 166 cm. Die Länge richtet sich nach der Dachneigung. Außen muß der Anschluß flächenbündig mit den Dachplatten aufgelattet werden. Auf der unteren Querlatte wird eine Bleischürze zum sicheren Wasserablauf angebracht.

3., 4. Mit einem fahrbaren Kranwagen lassen Sie sich die Gaube mit den eingeschobenen seitlichen Ablaufrinnen auf das Dach heben. Wenn die Gaube richtig positioniert ist, kann sie am Dachstuhl befestigt werden. Entsprechend der Bausubstanz können Sie nun das Kiefernholz-, Merantiholz- oder Kunststoffenster einsetzen.

5. Der optimale **Dachanschluß** wird durch einen Eindeckrahmen, der für alle Dachdeckungsarten geeignet ist, gewährleistet. Die Gauben eignen sich für Dächer mit einem Neigungswinkel von 27° bis 60°. Sie haben ein Gewicht zwischen 100 und 350 kg, je nach Ausführung. Drei Varianten stehen zur Auswahl: Flachdach, Satteldach mit Blecheindeckung bei einem Gaubendachneigungswinkel von 30°, ein Satteldach mit Ziegeleindeckung (Neigungswinkel 40°).
Bei den Oberflächen der **Außenverkleidung** können Sie zwischen verschiedenen Materialien wählen, z.B. Kupfer, dunkelbraun eloxiertem Aluminium.
Die **Innenverkleidung** werden Sie dem übrigen Raum anpassen. Einfach zu erstellen sind Verkleidungen aus Profilbrettern, aus Gipskarton oder auf Spankarton aufgebrachter Fertigputz.

2

3

5

4

Eine Zimmerschiebetür bringt Licht in den Flur

1

Material
Glastürelemente, Schiebevorrichtung, Griffe, Spanplatten, Vierkantholz, Fertigputz

Werkzeug

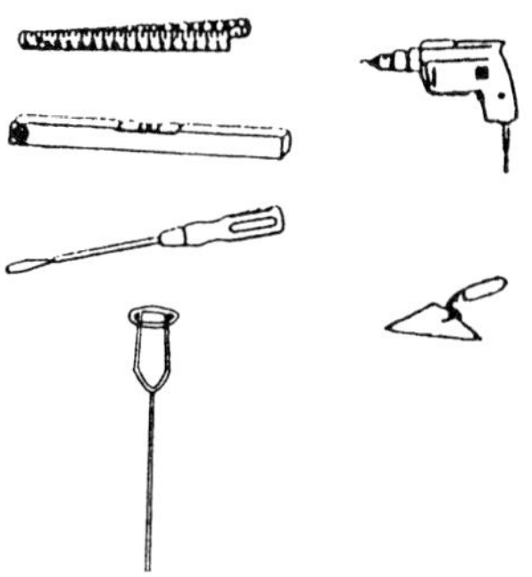

Schwierigkeitsgrad

Kraftaufwand

Arbeitszeit
Mit den Putzarbeiten müssen 3 Tage eingeplant werden

Ersparnis
Bei Selbstmontage lassen sich ca. 1500 Mark einsparen

Der Eßraum war offen zum Flur hin ohne Tür geplant. Nachträglich stellt sich aber heraus, daß der Raum nicht gemütlich warm ist und außerdem viel Heizenergie vergeudet wird. Gleichzeitig wollte man auf den offenen Charakter z.B. im Sommer nicht verzichten.

1. Die passende Lösung ergibt eine **Schiebetür** aus Glas. Die Glastüren aus Einscheibensicherheitsglas werden nach Maß beim Glaser bestellt. Vergessen Sie nicht die notwendigen Bohrungen für die Schiebevorrichtung und die Messinggriffe mit anzufordern.

2. Die Tür wird oben und unten seitlich geführt. **Stoppvorrichtungen** sorgen dafür, daß das Glas beim Öffnen und Schließen nicht aufprallen kann.

3.,4. Der Einrichtung vorgebaut wird eine raumhohe Spanplattenverkleidung, die mit einer Lattenkonstruktion an der Mauer befestigt ist. Links zur Wand hin wird sie hinterfüttert. Abschließend wird die Holzkonstruktion außen mit dem gleichen Fertigputz wie die übrigen Wände des Raumes verputzt.

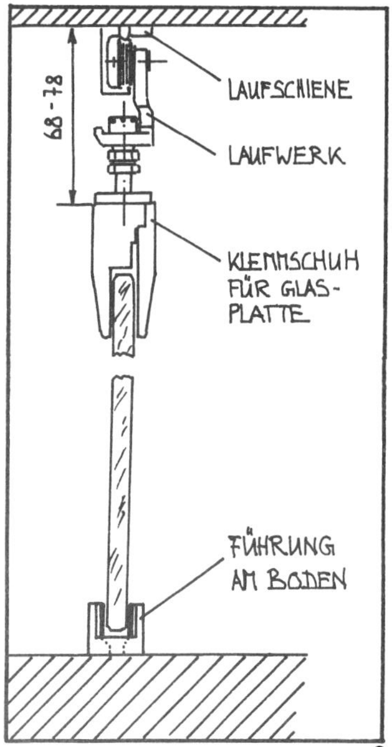

2

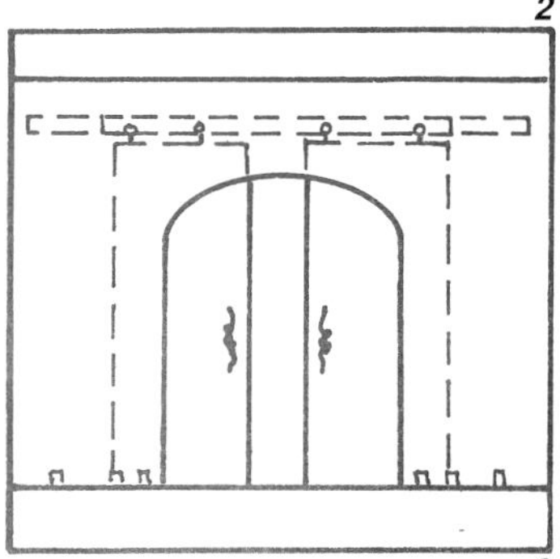

3

Nachträglicher Einbau einer großen Schiebetür zur Terrasse

vorher

nachher

Material
Rolladenkasten, Fensterstock, Stahlrohr, Befestigungsmaterial, Fertigmörtel, Polymethanschaum, Holzteile

Werkzeug

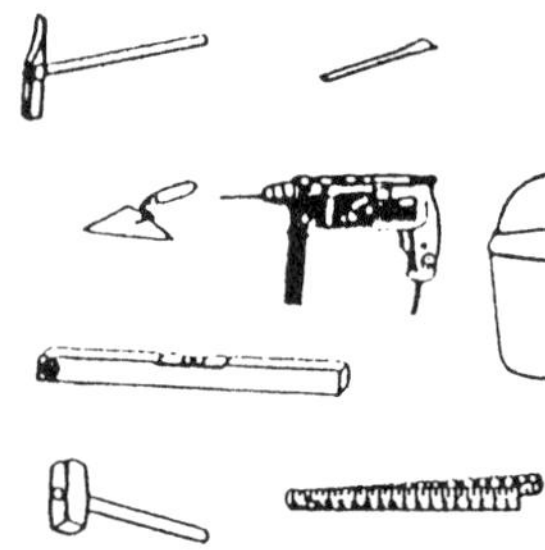

Schwierigkeitsgrad

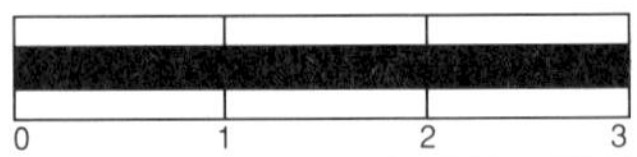

Kraftaufwand

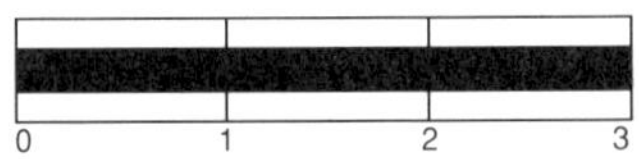

Arbeitszeit
Für die Abbruch- und Einbauarbeiten müssen Sie 4 Tage einplanen

Ersparnis
Sie sparen ca. 2000 Mark.

Für den nachträglichen Einbau einer Schiebetür in dieser Größe (250 cm Breite) muß ein statisches Gutachten eingeholt werden. Um einen Rollokasten einbauen zu können, wurde die notwendige statische Tragfähigkeit durch eine senkrechte, im Fensterrahmen eingelassene Stahlstütze aus Rundrohr erreicht. Der Rolladenkasten selbst ist zustäzlich verstärkt und in der Mitte geteilt, um Platz für die Stütze zu lassen.

1. Zuerst muß der passende **Ausschnitt** der Mauer herausgebrochen werden. Dies können Sie bewerkstelligen, indem Sie die Mauer in Absprache mit dem Statiker oben und an den seitlichen Flanken des gewünschten Ausbruchs ca. 5 cm breit durchbrechen. Anschließend stützen Sie das Mauerwerk von innen ab und brechen unten quer ebenfalls ab. Meist läßt sich bereits nach 2/3 die Mauer nach außen drücken. Vorsicht ist dabei geboten, damit die Mauer nicht in die falsche Richtung kippt und jemand dabei verletzt wird.

Links und rechts werden oben dann die **Aussparungen** für die Auflage des Rollokasten herausgebrochen. Zu zweit setzen Sie den Kasten ein und unterfüttern ihn mit Mörtel und Ziegel.

2. Anschließend setzen Sie die **Stahlstütze** ein. Das Rohr besteht aus zwei Teilen, die durch ein Gewinde verbunden sind. Dadurch kann die Höhe verändert, und das Rohr auf Spannung montiert werden. Oben und unten wird eine quadratische Platte mit vier Bohrungen aufgeschweißt, mit denen die Stütze am Boden und der Decke festgeschraubt wird. Berücksichtigen Sie die richtige Position in der Tiefe und der seitlichen Ausrichtung sowie den exakten Sitz im Lot, damit beim Einsetzen des Fensters keine Schwierigkeiten auftreten.

3. Der **Fensterstock** wird nach Maßvorgabe beim Schreiner bestellt. Er wird von außen in den Ausschnitt geschoben, verkeilt und mit Polyurethanschaum fixiert. Mit einem Brett wird die Aussparung für die Stahlstütze von innen abgedeckt. Zum Schluß wird der Fensterstock und der Rolladenkasten eingeputzt. Der Bauschutt wird als Unterbau für die Terrasse verwendet.

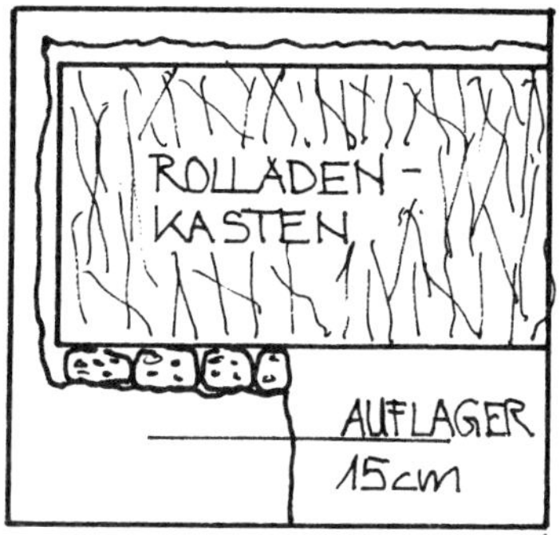

1

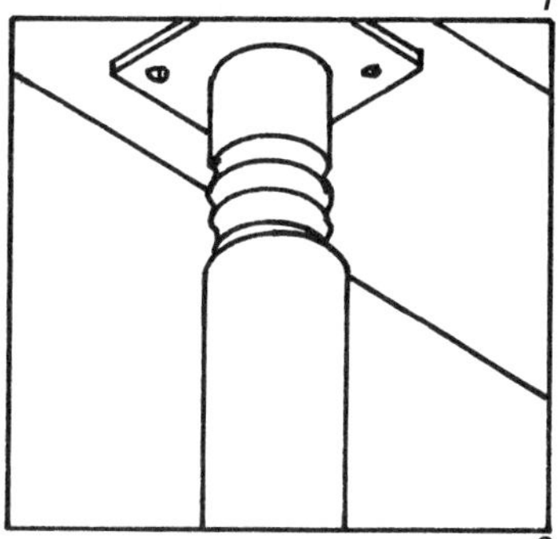

2

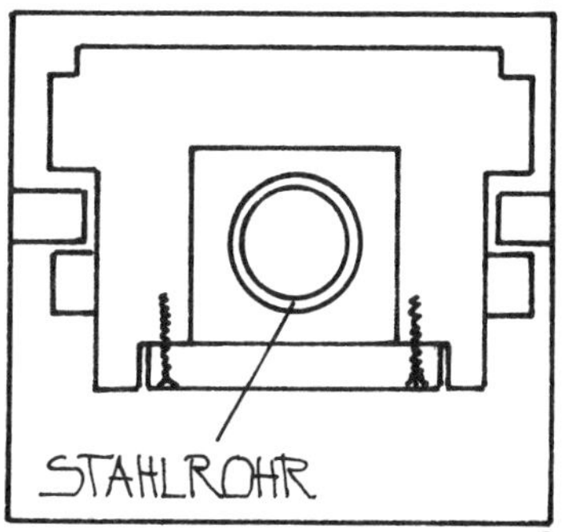

3

Ein buntes Fenster aus Glas, Blickfang für jeden Raum

Material
Bleirpofile, farbiges Antikglas
Reinzinnstangen, Flußmittel,
Stauöl

Werkzeug

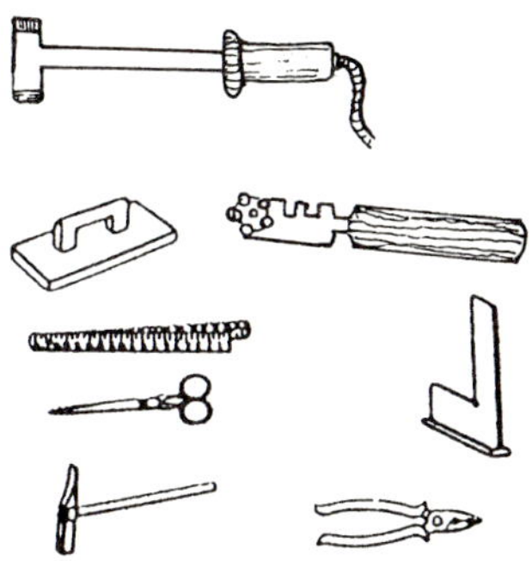

Schwierigkeitsgrad

Kraftaufwand

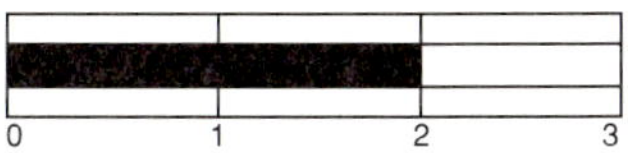

Arbeitszeit
je nach Größe einige Tage
oder Wochen

Ersparnis
Sie können einige tausend
Mark sparen

Einen besonderen Blickfang für Wohnräume können Sie durch ein buntes Glasfenster erzielen. Neben der **Glasmalerei**, bei der transparentes Glas mit speziellen Farben, die nachträglich eingebrannt werden, bemalt wird, eignet sich die **Bleiverlasung** ausgezeichnet für die Gestaltung des Raumes mit farbigem Licht. Damit setzen Sie neue Farbakzente in jedem Raum.

1.,2. Dabei müssen es nicht nur traditionelle **Motive** sein, auch freie, abstrakte Assoziationen lassen sich eindrucksvoll in Szene setzen. Der erste Schritt ist der Entwurf nach Maßvorgabe durch die Maueröffnung, den Sie entweder selbst anfertigen oder ausführen lassen können. Bei großen Fenstern ist wie abgebildet auch eine Dreiteilung aus optischen und statischen Gründen möglich.

3. Für die Ausführung benötigen Sie nur wenige Werkzeuge. Lohnenswert ist die Anschaffung eines Lötkolbens, der neben einer Lötspitze eine plane Lötfläche besitzt. Außerdem soll er mit einem für Bleiverglasung geeigneten Thermostat ausgestattet sein.

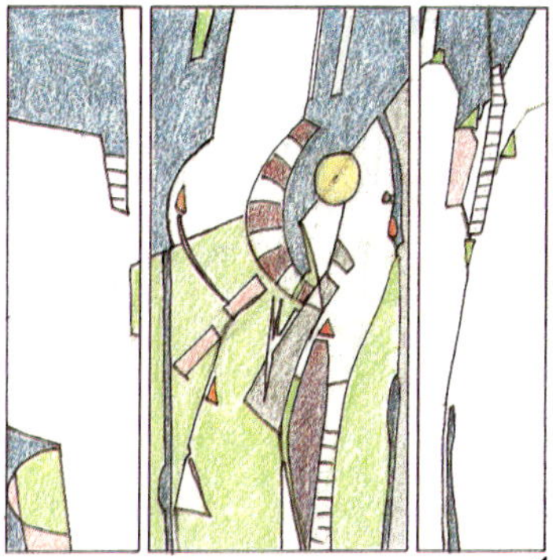

1

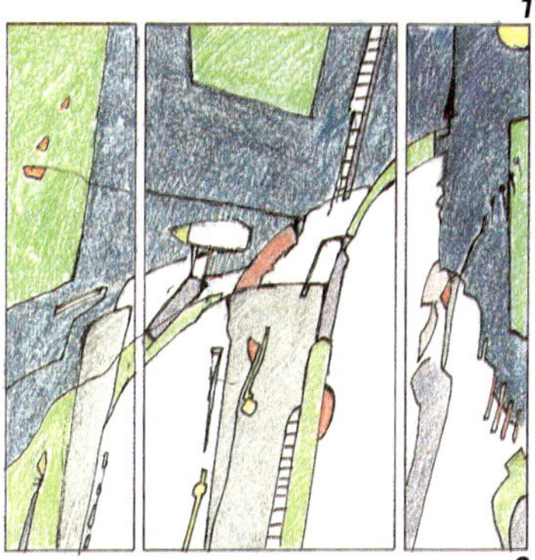

2

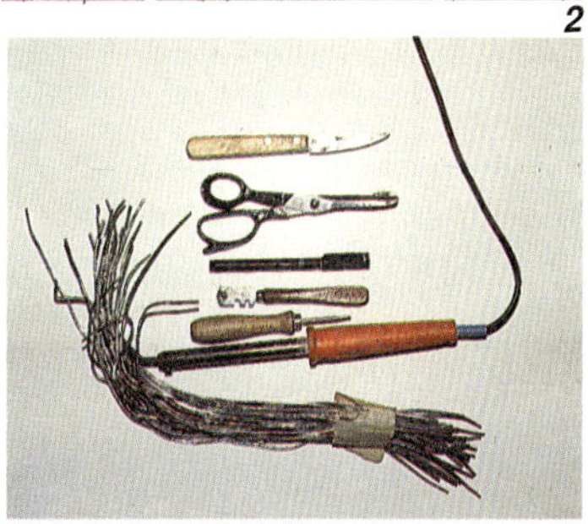

3

5

6

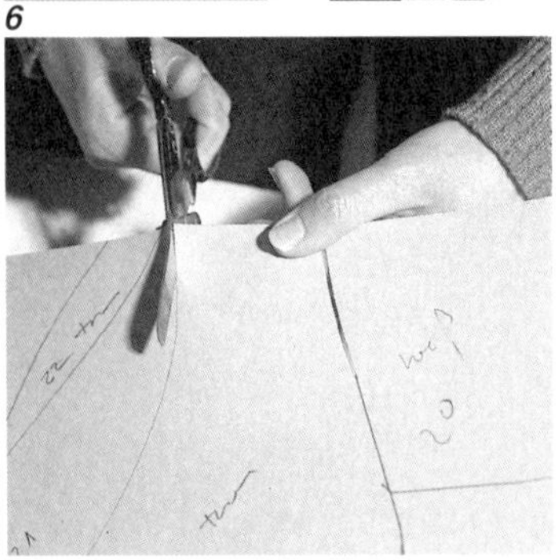

7

Ein guter **Glasschneider**, eventuell mit einem Diamant bestückt, erleichtert das Schneiden von Kurven. Daneben braucht man noch einen Anreiber für die Bleileisten, ein Kittmesser und einen Faserstift, der auf Glas schreibt.
Für die Herstellung von Pappschablonen bei komplizierten Formen ist eine sogenannte Schablonenschere erforderlich. Diese spezielle Schere nimmt bereits beim Schneiden einen dünnen Pappstreifen ab. Dadurch wird der Platz für die Bleiprofilstege schon beim Schneiden berücksichtigt!

4. Für die Verbindung der Gläser innerhalb des Bildes benötigen Sie **Bleileisten** in H-Profil, für den Rand U-Profile. Gelötet wird mit Reinzinnstangen, als Flußmittel dient Lötflüssigkeit. Gearbeitet wird auf einer planen Fläche, z.B. einer Spanplatte, die etwas größer als die Glasfensterteile sein soll. An zwei Kanten werden Holzleisten im rechten Winkel aufgenagelt, die als Anschlag für die Glasteile beim Arbeiten dienen.

5. Bei der Bleiverglasung werden **Antikgläser** verwendet. Die Gläser mit einer unregelmäßigen Dicke und Luftblaseneinschlüssen werden immer noch in der traditionellen Weise hergestellt: Aus der eingefärbten Rohglasmasse werden dünne Walzen geblasen. Diese werden der Länge nach aufgeschnitten und im zähen Zustand plangedrückt.

Antikglas ist relativ teuer, da bestimmte Farben wie Rot oder Grün z.B. durch Goldzusätze erzielt werden. Es ist in Platten bis zu einem Format von 100 x 100 cm erhältlich. Neben der Standardfarbpalette können Sie sich die Gläser bei bestimmten Firmen auch in jedem gewünschten Farbton einfärben lassen, was aber nicht gerade billig ist.

6. Der erste Schritt bei der Ausführung des Fensters ist das Einteilen der einzelnen **Glasflächen** und das Einzeichnen der **Bleistege**. Bedenken Sie, daß extreme Kurvenschnitte beim Glas nur sehr schwierig zu fertigen sind. Große Flächen können durch Zwischenstege optisch gegliedert werden. Innenradien können in kleine Abschnitte geteilt werden.
Danach erstellen Sie eine Schablone im Maßstab 1:1 auf einem

Pappkarton. Das **Außenmaß** muß so bemessen sein, daß zwischen Fensterrahmen und Glasfenster umlaufend 2 mm Spielraum verbleibt. Für den Bleileistenrand müssen Sie weitere 3 mm pro Seite abziehen.

7. Die **Schablonenteile** werden nummeriert und mit der jeweiligen Farbe bezeichnet. Tragen Sie die Nummern bei komplizierten Entwürfen auch direkt in die Entwurfsskizze ein. Dann schneiden Sie mit der Schablonenschere die einzelnen Flächen aus und sortieren sie nach der jeweiligen Farbe. Legen Sie sie so auf der Glasscheibe aus, daß möglichst wenig Verschnitt abfällt.

8. Wenn Sie noch wenig Erfahrung mit dem Glasschneider haben (siehe hierzu auch S. 42, 43), probieren Sie vorab einige Formen und Rundschnitte an einem normalen Fensterglas aus. Antikglas läßt sich nämlich durch die unterschiedliche Dicke und durch die Lufteinschlüsse schwieriger schneiden und brechen. Sie können die Formen entweder mit dem Faserstift auf das Glas übertragen oder direkt entlang der Schablonen schneiden. Gerade Schnitte führt man am besten entlang einem Stahllineal aus. Bei kleineren Radien müssen Hilfsschnitte angelegt werden, damit das Glas in der gewollten Form bricht. Weißes Glas, Überfangglas genannt (normales Glas mit einer opaken Weißglasbeschichtung), wird auf der weißen Glasschicht angeritzt, da es sonst zu unregelmäßigen Bruchkanten kommen kann.

9. Zwischendurch legen Sie partienweise die geschnittenen Glasflächen auf der Arbeitsplatte mit dem Abstand für die Bleileisten dem Entwurf entsprechend aus. Überprüfen Sie die **Paßgenauigkeit** an den Übergängen. Kleinere Unregelmäßigkeiten werden durch die Bleistege verdeckt. Bei größeren Differenzen müssen die Gläser oder die angrenzenden Schablonen entsprechend nachgeschnitten werden.

10. Die Breite der jeweiligen Bleileisten richtet sich nach gestalterischen Überlegungen. **Standardbreite** ist 6 mm. Bänder über 10 mm wirken bei kleineren Fenstern oft plump und sollten nur sehr sparsam verwendet werden.

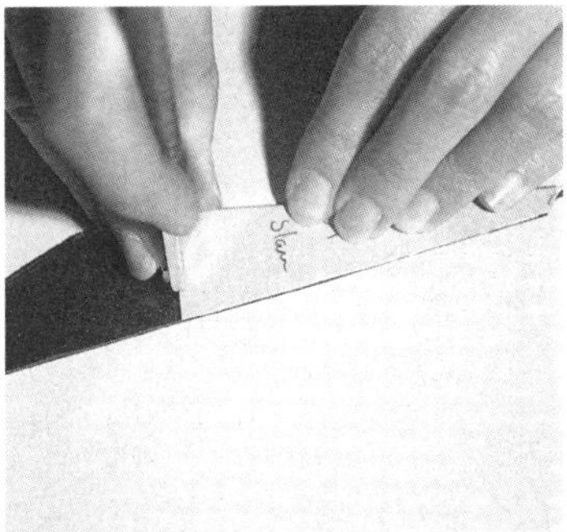

8

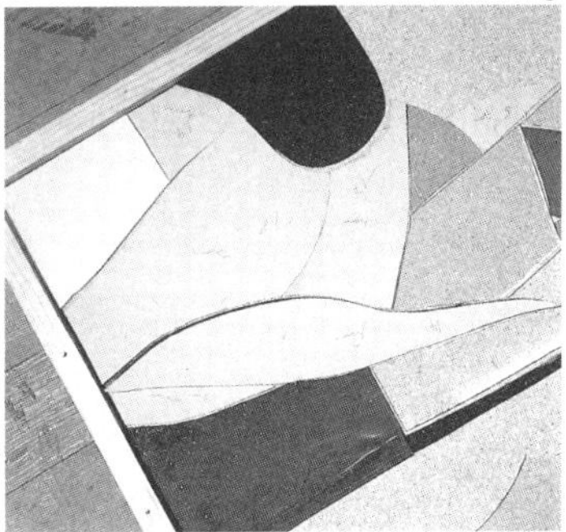

9

10

11

12

Die Länge der Ruten wird durch Anlegen am Glas abgenommen. Dann schneiden Sie die Stege mit dem Kittmesser im passenden Winkel ab.

Bei **Kreuzungen** läuft ein Steg durch, die beiden anderen werden eingeschoben. Dazu muß der durchlaufende Steg an dieser Stelle mit dem Anreiber aufgebogen werden. An die Außenkanten werden die U-Profile, im Gesamtlängenmaß geschnitten, angelegt und ineinandergeschoben.

11. Nun legen Sie die ersten Glasscheiben in die Bleileisten. Die abgeschnittenen Enden der Bleiruten müssen mit dem Anreiber leicht aufgebogen werden, so daß sich das Glas einschieben läßt. Damit sich die einzelnen Scheiben nicht verschieben, können Sie an den Rändern Nägel in die Holzplatte einschlagen und die Scheiben so in ihrer Position fixieren.

12. Die Bleileisten werden mit dem Anreiber an die einzelnen Glasscheibenkanten gedrückt, bevor die nächsten Teile eingepaßt werden. Die Bleileistenkreuzungen werden ebenfalls mit dem Anreiber vorsichtig flachgedrückt, bis keine Hohlräume zwischen den Leistenanschlüssen mehr zu sehen sind. Die Verbindungsstellen der Bleiruten werden mit Lötflüssigkeit eingepinselt. Anschließend schmelzen Sie mit dem vorgeheizten Lötkolben eine gleichmäßig runde Zinnfläche auf, so daß alle Übergänge miteinander verlötet sind. Mit einem Lappen wischen Sie die überschüssige Lötflüssigkeit ab.

Vorsicht! Wenn Sie zulange mit dem Lötkolben auf den Ruten bleiben, kann es passieren, daß die Bleikanten schmelzen.

Wenn alle Teile aneinandergefügt sind, löten Sie die beiden übrigen Randleistenstücke an.

13. Nun muß die Rückseite noch verlötet werden. Das Glasfenster ist in diesem Zustand in sich noch nicht sehr stabil. Deswegen stellen Sie die Arbeitsplatte hoch, drehen das Fenster in senkrechter Haltung und stellen es auf die Platte zurück.

14. Zusätzlich Stabilität erhält das Glasfenster durch das **Verkitten**. Mit dem Kittmesser drükken Sie den weichgekneteten Kitt in die Spalten zwischen Bleiruten und Glas.

15. Dann fahren Sie vorsichtig mit dem Anreiber die Bleikanten entlang, bis sich Bleikant und Glas berühren. Der dabei herausgequetschte Kitt wird mit dem Messer entfernt. Zum Schluß werden die letzten Kittverunreinigungen mit Schlämmkreide abgenommen. Drehen Sie dann das Fenster um. Bereits jetzt werden Sie feststellen, daß sich die Stabilität um einiges verbessert hat.

Dann verkitten Sie die Rückseite, reiben Sie mit Kreide ab und befreien abschließend beide Seiten mit Glasreiniger sorgfältig von Fingerabdrücken, Lötflüssigkeit und letzten Kittschleiern.

Nun können Sie das Fenster in den **Blendrahmen** einsetzen. Auf dem Rahmen und den Glasleisten bringen Sie ein selbstklebenden Schaumgummiband an. Nach dem Einsetzen des Fensters stiften Sie die Glasleisten an. Der Spalt zwischen Rahmen/Glas und Glas/Glasleiste wird anschließend mit Kitt oder Silicon ausgefüllt.

13

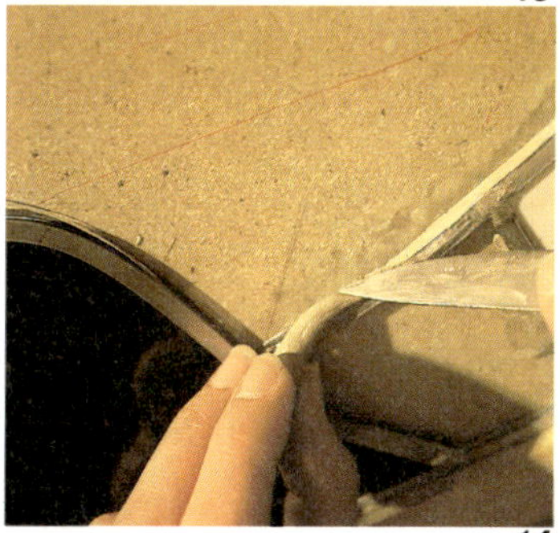

14

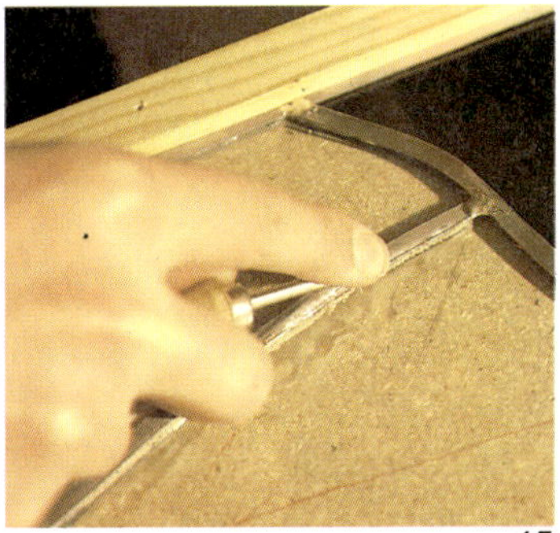

15

Licht in den Keller mit einem Lichtschacht

1

Material
Fertiglichtschacht
Befestigungsmaterial

Werkzeug

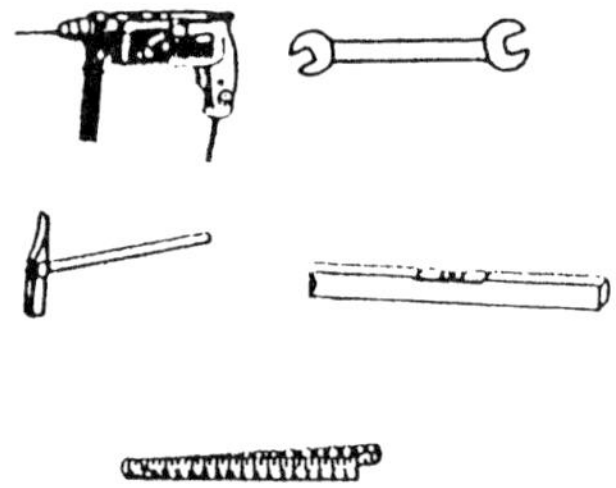

Schwierigkeitsgrad

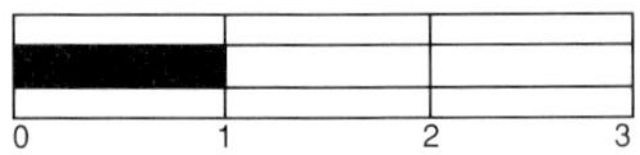

Kraftaufwand

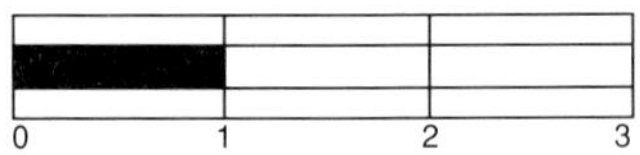

Arbeitsaufwand
ca. 1/2 – 1 Stunde

Ersparnis
Durch die Verwendung des Fertigbausatzes ersparen Sie sich ca. 300 Mark

Tageslicht in Kellerräumen erhöht den Nutzwert. Vielfach muß dafür ein Lichtschacht angebracht werden. Wurde er früher meistens betoniert, erhält man heute im Baustoffhandel Fertigschächte, die zu den genormten Kellerfenstern passen. Die Schächte bestehen aus glasfaserverstärktem Polyester, sind sehr beständig und bis zu Fensterbreiten von 200 cm lieferbar.

1.,2. Die Montage ist denkbar einfach. Bei Neubauten ist meistens die Baugrube so groß, daß der Schacht ohne Erdaushubarbeiten angebracht werden kann. Andernfalls müssen Sie ein Loch graben, das oben etwa 30 cm größer ist als der Schacht, damit Sie für das Anschrauben genügend Bewegungsfreiheit haben. Als erstes legen Sie die **Oberkantenhöhe** des Lichtschachtes fest. Anschließend zeichnen Sie entsprechend der Montageanweisung die vier Bohrlöcher für die Befestigung an. Mit einem Bohrhammer, Bohrer 12 mm, Länge mindestens 120 mm können Sie die Bohrungen in der Kellerwand leicht ausführen. Bei isolierten Wänden empfiehlt es sich, einen Spreizdübel zu verwenden, um die notwendige Befestigung zu erhalten.
Anschließend müssen Sie den Lichtschacht in die Grube einbringen und mit den vier Schlüsselschrauben befestigen. Nachdem Sie den Rost aufgelegt haben, können Sie das Loch wieder mit dem Erdaushub füllen.
Für tief liegende Kellerfenster gibt es einen Aufsatz auf den Lichtschacht, der verstellbar von 8 bis 33 cm ist.

3.,4.,5. Der Rost kann durch einen **Rostsicherungsbügel**, der am Lichtschacht mittels Dübel in vorgebohrte Löcher angeschraubt wird, gegen Abnehmen gesichert werden. (Verminderte Einbruchsgefahr!) In jedem Fall muß der Lichtschacht auch durch einen Entwässerungsstutzen an den Abwasserkanal oder die Drainage angeschlossen werden. Bei stärkerem Schmutzanfall empfiehlt es sich, ein Schmutzsieb aufzusetzen.

5

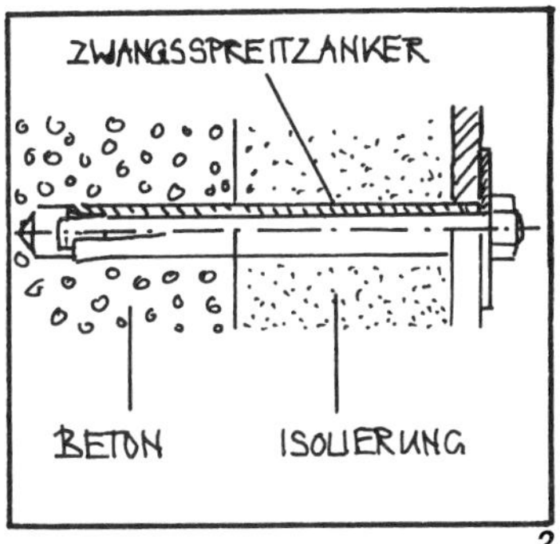

2

3

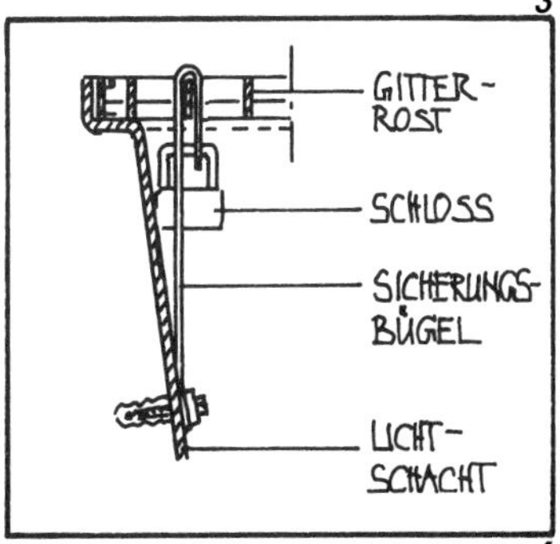

4

Neue Fenster für den Keller

Vor dem Einbau des neuen Fensters

Nach dem Einbau

Material
Meadurfenster in passender Größe aus Kunststoff Polymethanschaum, Silicon

Werkzeug

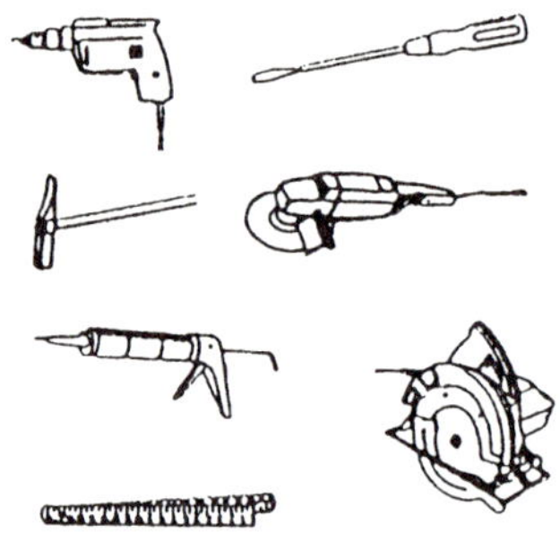

Schwierigkeitsgrad

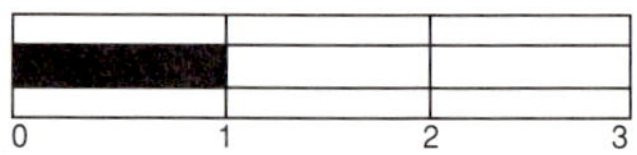

Kraftaufwand

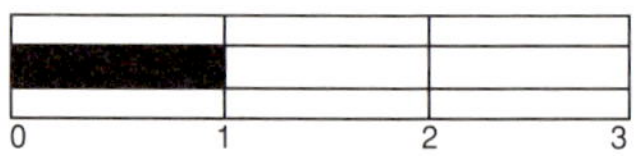

Arbeitszeit
3-4 Stunden

Ersparnis
Durch die Verwendung des einfachen Montagesatzes ersparen Sie sich viel Arbeit und Schmutz

Der Einbau förmschöner Kellerfenster ist denkbar einfach.
Messen Sie zuerst das **Rahmeninnenmaß** Ihres alten Stahlkellerfensters.
Entspricht es einer der folgenden Maße, so können Sie das Einbaufenster in Drehkipp- oder Kippausführung ohne Veränderung verwenden.

Breite	Höhe
81 cm	60 cm
101 cm	50 cm
101 cm	60 cm
101 cm	80 cm
101 cm	100 cm

1. Als erstes hängen Sie die Flügel des alten Stahlkellerfensters aus. Die Scharniere werden am besten mit einem Winkelschleifer abgetrennt. Ist ein Mittelsteg vorhanden, so muß er abgeschraubt oder abngesägt werden. Der Fensterrahmen aus Winkel- oder T-Eisen selbst bleibt im Mauerwerk. Der neue Rahmen wird dann mit Rahmendübel und Schraube durch den Rahmen angeschraubt.

2.,3. Die **Hohlräume** zwischen Mauerwerk und Rahmen schäumen Sie mit Polyurethanschaum umseitig aus. Siehe hierzu auch S. 39. Nach dem Abschneiden des überschüssigen Schaummaterials schließen Sie die Fugen außen und innen mit Sili-con.
Ihr altes Kellerfenster hat folgende Maße:

Breite	Höhe
78 cm	58 cm
98 cm	48 cm
98 cm	58 cm
98 cm	78 cm
98 cm	98 cm

In diesem Fall können Sie den neuen Fensterrahmen seitlich und oben max. 5 mm, unten 4 mm mit einer Holsäge absägen.

1

2

4

3

Eine kompakte Modernisierungslösung: Das Laibungskellerfenster

Vorher

Nachher

Material
MEALUXIT-Laibungsfenster,
Silicon
Polymethanschaum

Werkzeug

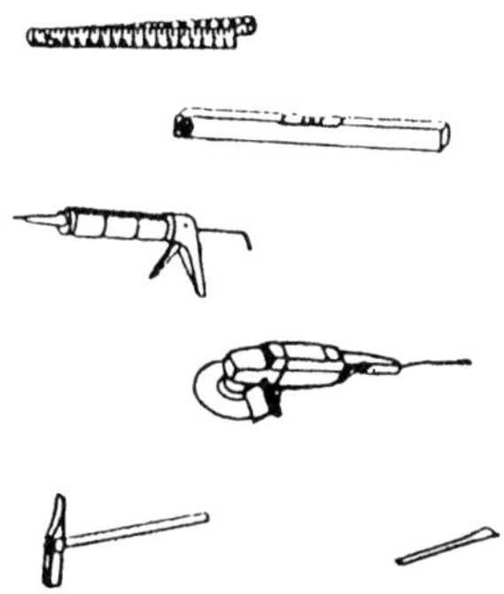

Schwierigkeitsgrad

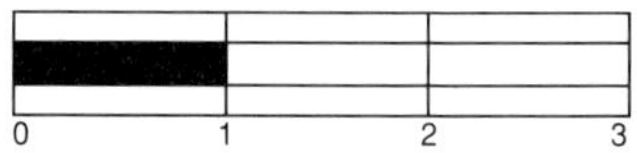

Kraftaufwand

Arbeitszeit
ca. 2-3 Stunden

Ersparnis
Sie sparen durch das Wegfallen von Verputzarbeiten ca. 200 Mark

‚Entspricht Ihr Stahlkellerfenster keinem der angegebenen Maße (Siehe S. 87!) oder haben Sie alte Holzfenster in Ihrem Keller, läßt sich trotzdem ein einfacher Austausch durch den Einbau eines **Laibungsfensters** vornehmen. Dieser Fenstertyp, in Größen von 80 x 60 bis 125 x 100 cm erhältlich, besteht aus dem Fensterflügel, dem Rahmen und umseitiger Zarge aus glasfaserverstärktem Polyester. Die Tiefe der Zarge richtet sich nach der Stärke Ihrer Kellerwand, von 24 bis 36,5 cm. Die Ausführungen für verputzte Mauerwerke besitzen Regennase. (Bei betonierten oder verblendeten Mauern keine Regennase!) Andere Stärken können angefertigt werden.

1. Zuerst entfernen Sie den alten Fensterrahmen. Damit beim Einbau des Laibungsfensters der bestehende Putz an der Außenfassade nicht beschädigt wird, zeichnen Sie sich mit Hilfe des Zargenfenster den neuen Ausschnitt an. **Achten Sie auf waagrechte Lage!** Dann schneiden Sie mit dem Winkelschleifer eine Kante in den Putz. Kantenmaß ist gleich dem Außenmaß des Laibungsfensters plus an allen Seiten 1 cm! Innen gehen Sie ebenso vor. Anschließend meißeln Sie den Ausschnitt aus.

2.,3. Mit der mitgelieferten Montage-Holzversteifung versehen, wird die Fensterzarge in den Ausschnitt gestellt, ausgerichtet und an den vier Ecken mit Polyurethanschaum fixiert. Die Hohlräume zwischen Mauer und Zarge können Sie mit Mörtel oder dem Montageschaum füllen. Die offene Kante zwischen Zarge und Putz schließen Sie mit Silicon oder Acryldispersion.
Im Zubehör sind auch **Schutzgitter** in verschiedenen Ausführungen erhältlich.

1

2

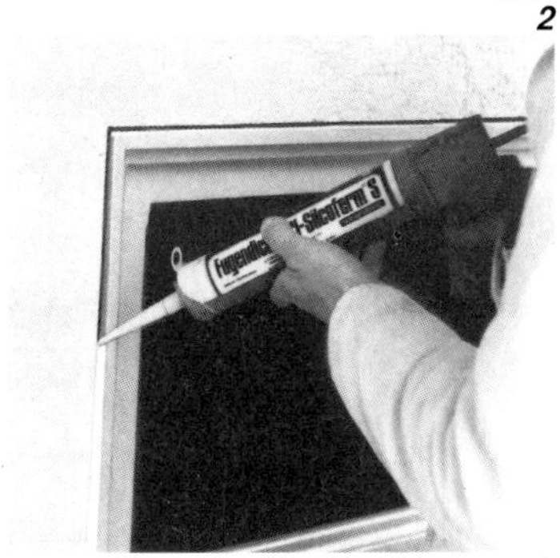

3

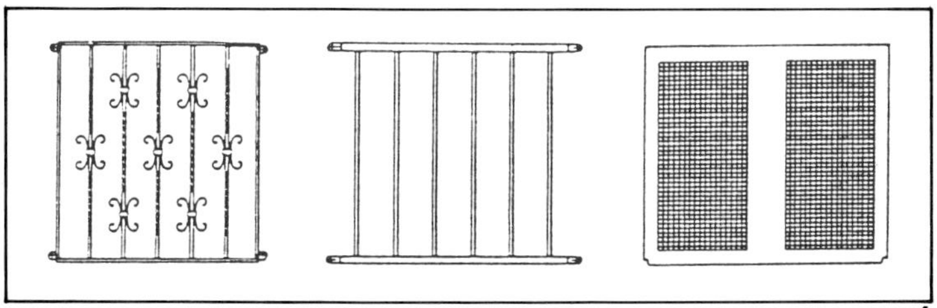

4

Das Garagenschwingtor, leicht einzubauen

Material
Garagenschwingtor in passender Größe und Ausführung, Befestigungsmaterial (Schrauben, Dübel)

Werkzeug

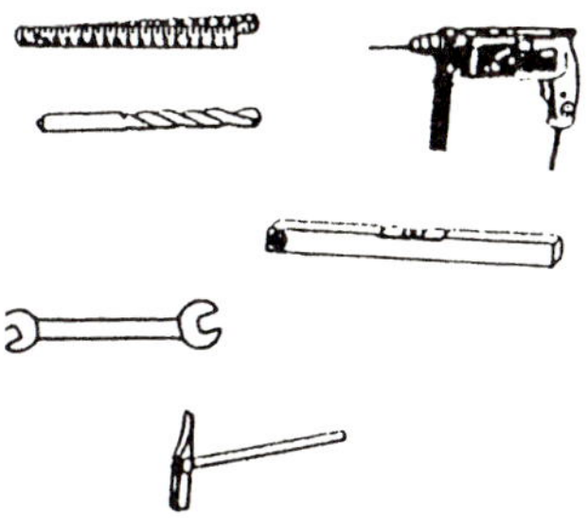

Schwierigkeitsgrad

Kraftaufwand

Arbeitszeit
ca. 2-3 Stunden

Ersparnis
Durch den Selbsteinbau ersparen Sie sich ca 400 Mark

Das heute am Bau am häufigsten eingesetzte Garagentor ist das Schwingtor. Es ist in verschiedenen Breiten von 2,3 m bis über 5 m in Höhen von 2 m bis 3 m lieferbar. Die Palette der **Sichtflächenverblenden** reicht von Holz über eloxiertem Aluminium, massivem Kupferblechbelag bis zur verzinkten, Stahlblechpaneele mit verschiedenfarbiger Kunststoffeinbrennlackierung. Sie können sich aber auch das Torblatt nach eigenen Vorstellungen belegen. Zusätzlich können Sie einen elektrischen Torantrieb anbringen.

1.,2. Das Schwingtor besteht aus dem Einbaurahmen mit Befestigungsankern, dem Schwinggestänge mit den Ausgleichsfedern und dem Torblatt mit dem gewünschten Oberflächenmaterial.

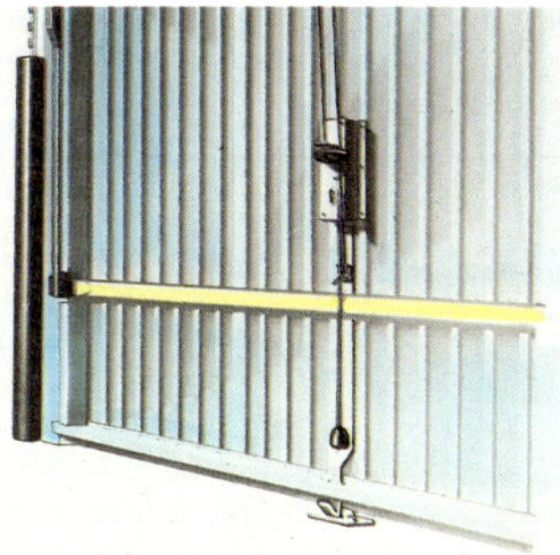

1

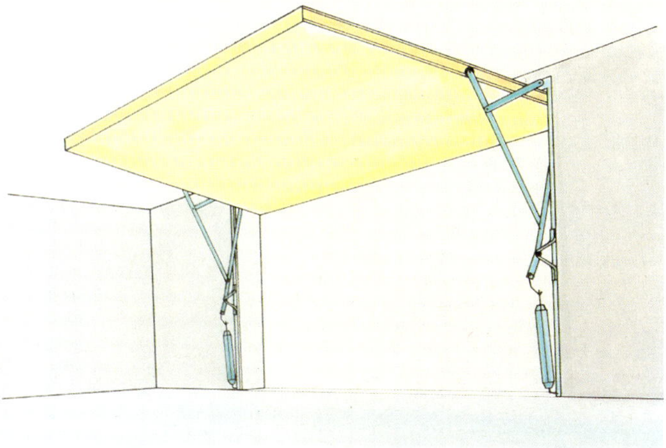

2

Wichtig ist, daß das Tor mit einer **Absturzsicherung** versehen ist und z.B. durch eine Querschiene Verwindungen verhindert werden.

1.-4. Im geöffneten Zustand liegt das Torblatt direkt am oberen Rahmenteil unter der Decke. Beim Schließen schwingt es nach außen. Durch die Kippbewegung ergibt sich oben ein Radius. Falls Sie eine kleine Garage mit geringer Höhe haben, sollten Sie überprüfen, ob z.B. bei einem abestellten Kleinbus der notwendige Freiraum für diesen Tortyp vorhanden ist. Wenn nicht, empfiehlt sich der Einbau eines Seitensectionaltores (Siehe hierzu S. 17!)

5.,6. Das Garagenschwingtor kann zwischen oder hinter der Laibung der Toröffnung eingebaut werden. Neben optischen Gesichtspunkten spielt auch die **Befestigungsmöglichkeit** bei der Wahl eine Rolle. Je nach Variante ist dabei das entsprechende Rohbaumaß zu berücksichtigen.

(Sinnvollerweise fertigen Sie den Estrich des Garagenbodens sowie den Bodenanschluß außen erst nach dem Toreinbau!)

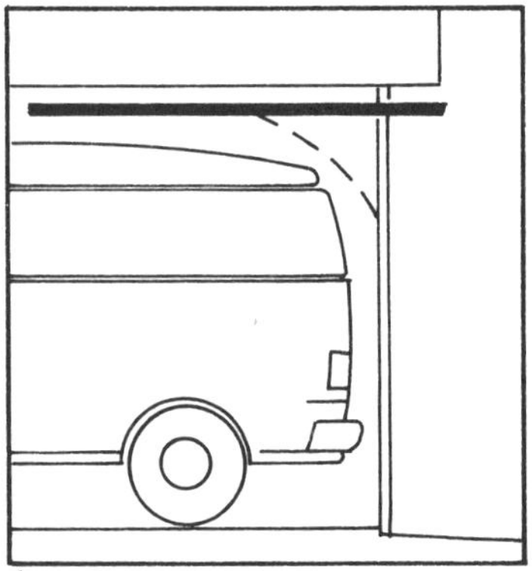

1

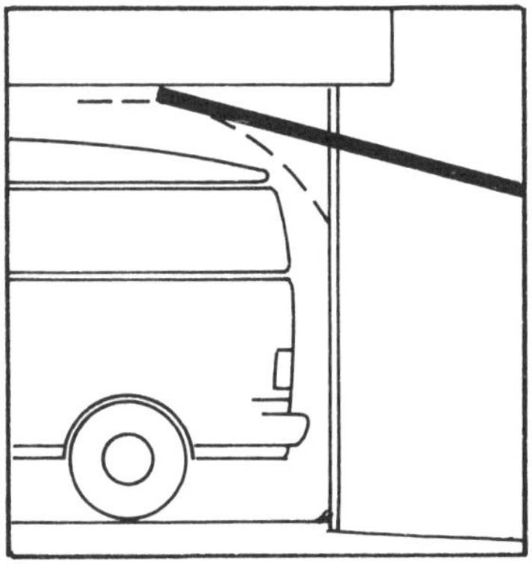

2

3

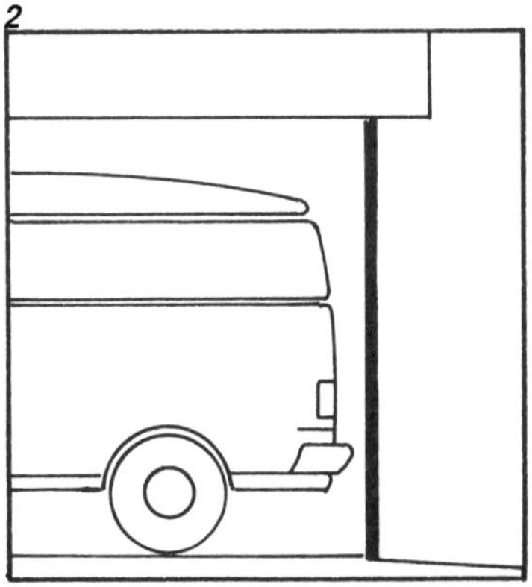

4

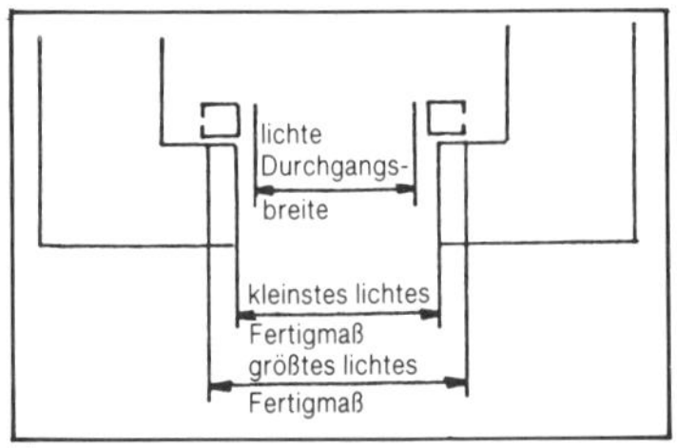

5

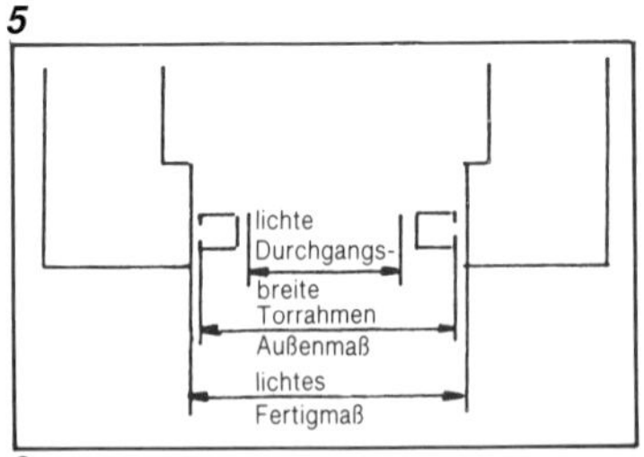

6

7.,8. Der Rahmen des Garagenschwingtores wird mit mindestens acht Ankern am Mauerwerk befestigt. Stellen Sie zunächst das Tor von innen in oder an die Maueröffnung. Mit einer schräg angesetzten Holzlatte können Sie es vor dem Umfallen sichern. Richten Sie den Torrahmen mit der Wasserwaage aus. Die Höhe ist mit der beabsichtigten Endbodenhöhe abzustimmen. Die **Oberkante der Rahmenschwelle** entspricht dabei der Bodenhöhe. Der Torflügel sollte umlaufend gleichmäßig im Rahmen liegen. Dann können Sie die Maueranker andübeln, oder, wenn bautechnisch notwendig, auch einzementieren. Dabei müssen jedoch die Anker unbedingt entsprechend gebogen werden.

Überprüfen Sie anschließend, ob das Tor **freigängig** zu bewegen ist. Das Spiel links und rechts zwischen Torblatt und Zarge sollte gleichmäßig sein. Ein leichtes Streifen zwischen Blatt und Rahmen ist zwar für die einwandfreie Funktion ohne Bedeutung, sollte aber vermieden werden.

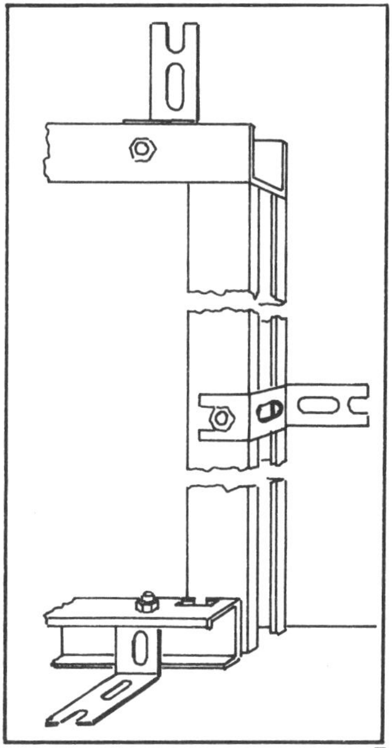
7

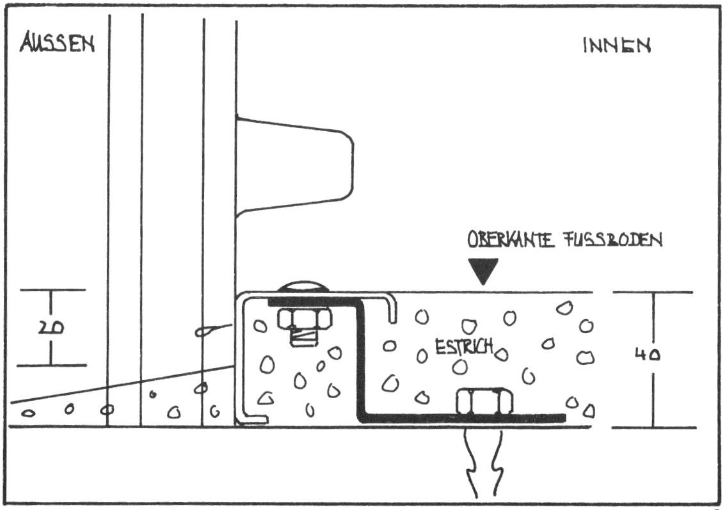

9

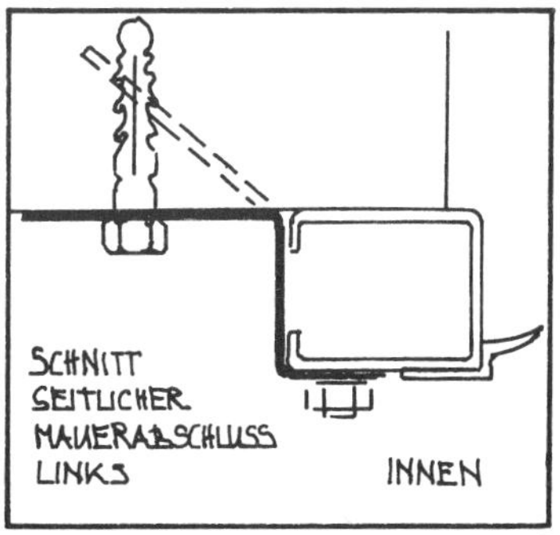

8

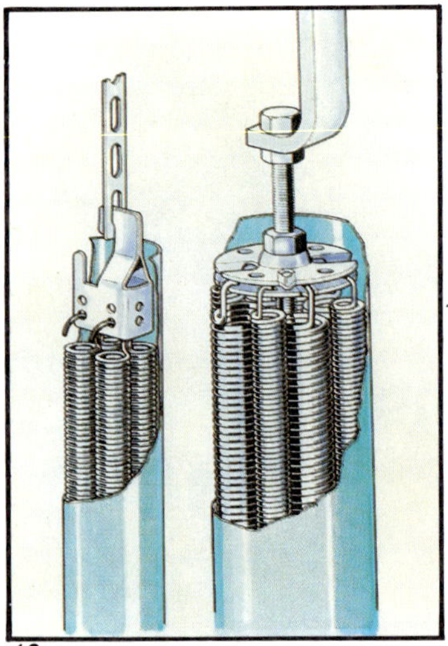

10

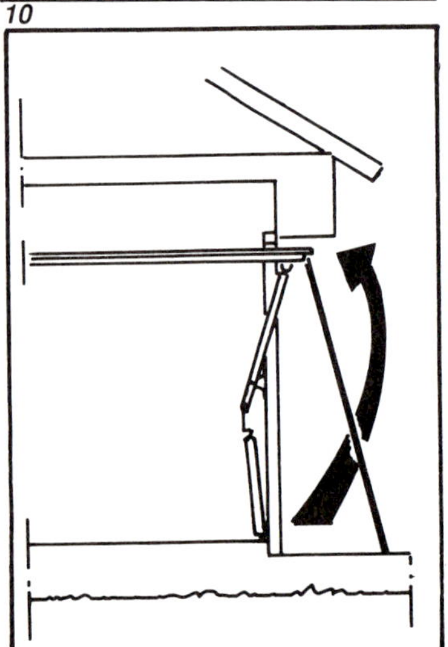

11

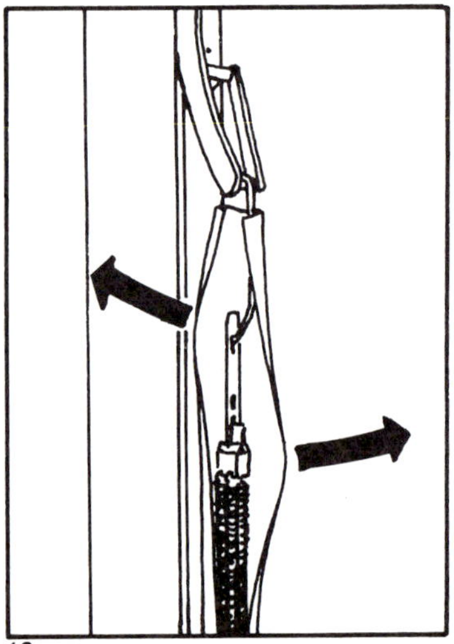

12

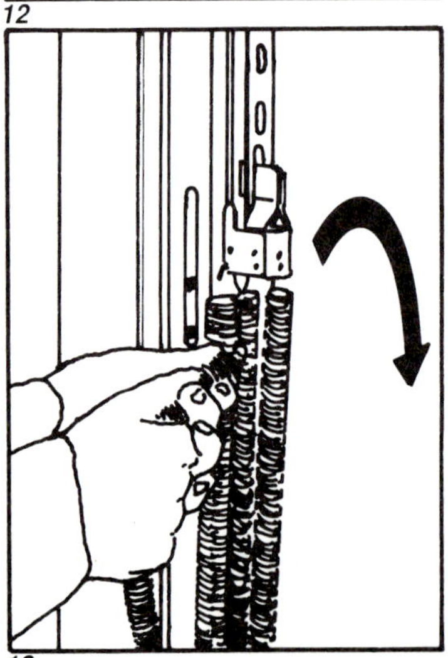

13

9. Die **Laibung** kann nun außen verputzt werden. Der Rahmen soll dabei noch ca. 5 mm über den Putz hinausstehen, damit das Torblatt nicht am Putz streift. Vor dem Aufbringen des **Bodenbelages** sollten Sie nochmals überprüfen, ob die Schwelle verkantet ist und ausgerichtet werden muß. (Zu Fehlerquellen beim Toreinbau siehe S. 97!) Bei den Verputz- und Bodenarbeiten sollten Sie die Torteile vor **Verschmutzung** schützen.
Decken Sie die Teile sorgfältig mit einer Plastikfolie ab. Vor allem Kalk- und Mörtelspritzer lassen sich nur schwer entfernen und führen eventuell zu Flecken auf der Metalloberfläche. Innen kann der Spalt zwischen Rahmen und Mauer mit Silicon ausgespritzt werden.

10. Für das leichtgängige Öffnen und Schließen des Tores ohne großen Kraftaufwand sorgen zwei oder mehr Federn. Die Zahl bestimmt sich nach Größe des Tores. Um Verletzungen vorzubeugen, sind sie z.B. bei einigen Fabrikaten mit einer Schutzhülle versehen.

11. Das **Austauschen der Federn** sowie die **Einstellung der**

optimalen Federspannung dürfen nur bei geöffnetem Tor erfolgen. (Die Federn sind in diesem Zustand nicht gespannt!) Damit das Tor nicht zufällt, kann vorsorglich eine Latte dagegengespreizt werden.

12.,13. Bei **Vorrichtungen mit einem Lochband** regulieren Sie die Federspannung durch ein Versetzen des Bandes nach oben oder unten. Ist das Schwingtor mit einer Federspannschraube ausgestattet, lösen Sie zuerst die Kontermuttern unter dem Befestigungsbügel und auf der Einhängeplatte der Federn. Wenn Sie die Federspannschraube nach rechts drehen, spannen Sie die Federn, wenn Sie sie nach links drehen, entspannen Sie sie. Nachdem die gewünschte Spannung erzielt ist, sichern Sie die Position durch Anziehen der beiden Kontermuttern.

16.,17. Durch das **Bündeln mehrerer Federn** kann jede einzelne leicht mit der Hand ausgewechselt werden. Die Federhaken werden immer von innen nach außen eingehängt, um ein mögliches Herausspringen zu vermeiden.

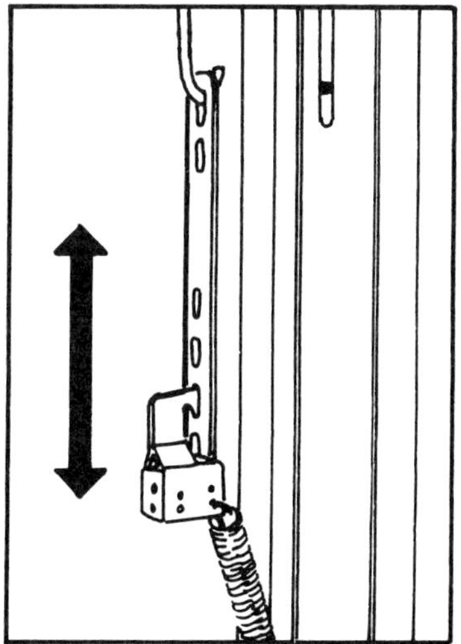
14

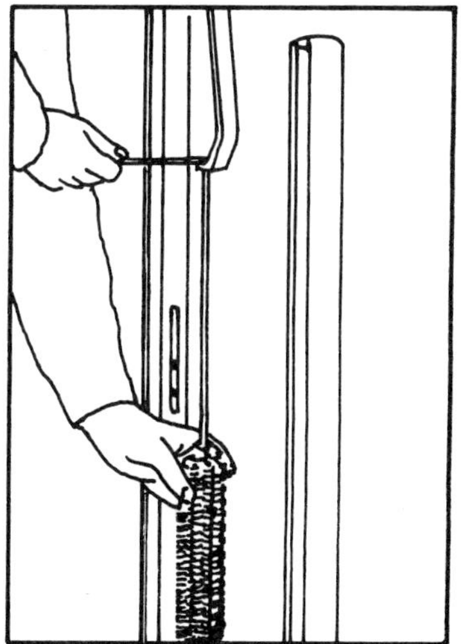
15

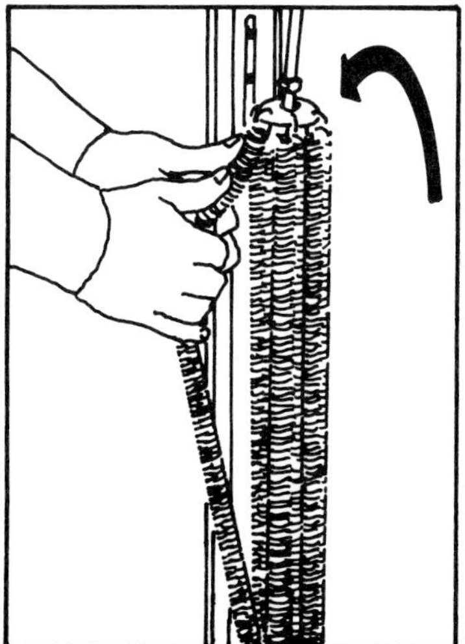
16

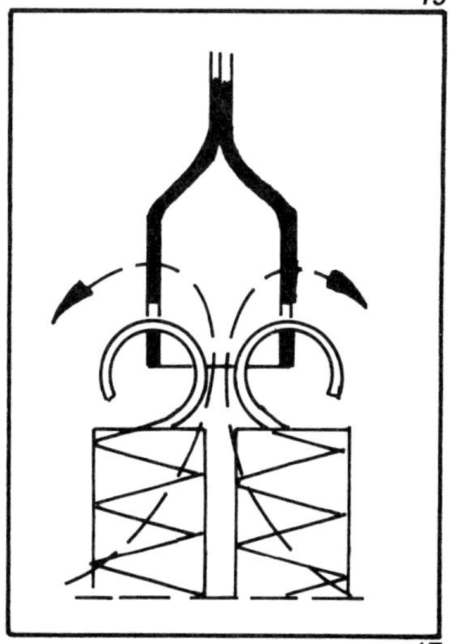
17

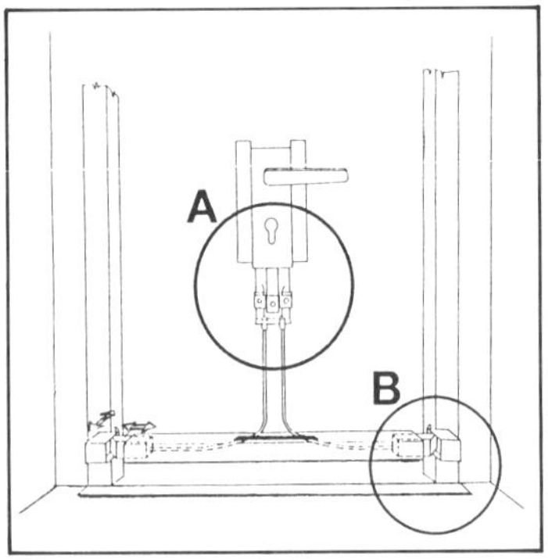

18

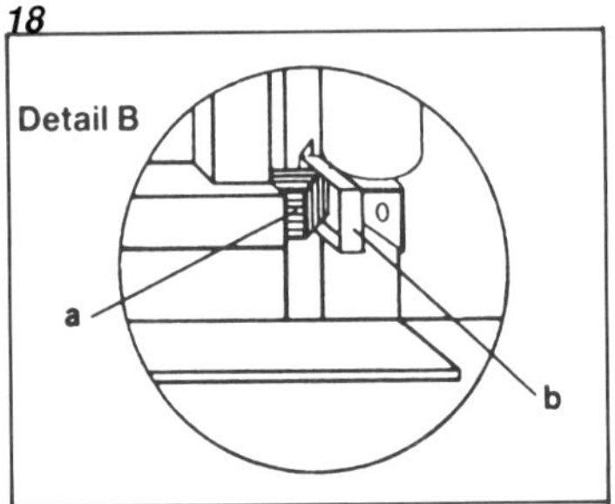

19

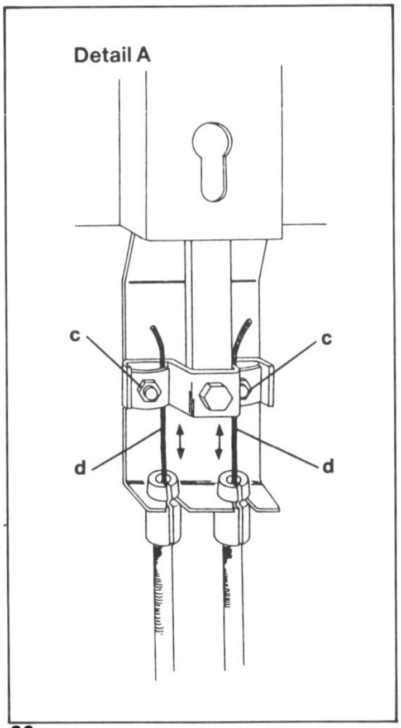

20

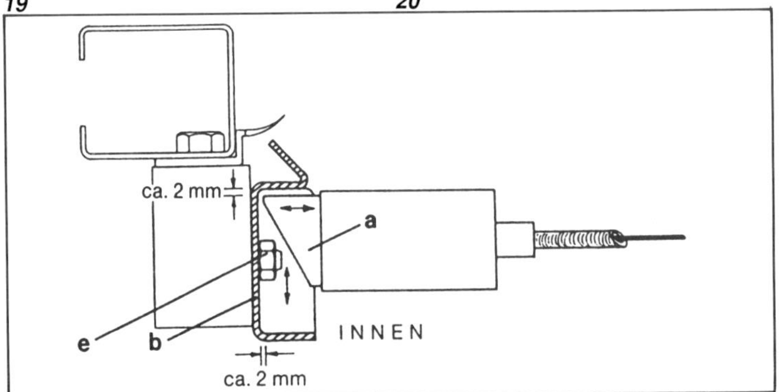

21

18. Nach dem Toreinbau prüfen Sie von innen, damit Sie sich nicht selbst aussperren, ob die seitlichen **Sperriegel** richtig ein- und ausrasten.

19. Die Einstellung ist durch die **Positionsveränderung** des Riegels (a) und der Raste (b) möglich.

20. Die **Eintauchtiefe** des Riegels wird durch die Länge der Zugseile (d) eingestellt. Sie müssen dazu die beiden Haltemuttern (c) unter dem Torschloß lösen und die Seillängen so anpassen, daß ca. 2 mm Spielraum in der Raste bleibt. Seilklemmenmuttern wieder fest anziehen!

21. Das Spiel zwischen Raste (b) und Riegel (a) soll ebenfalls ca. 2 mm betragen. Durch Lösen der Befestigungsmutter (e) kann die Raste nach außen oder innen verschoben werden. Die Einstellung soll auf beiden Seiten des Tores gleich sein.

Für die Bestellung beim Schlüsseldienst benötigen Sie auf alle Fälle die Schlüsselnummer und das Zylinderfabrikat, meist jedoch auch den Schlüssel bzw. den Zylinder selbst.

Fehler beim Toreinbau

Meist sind Fehler beim Toreinbau die Usache dafür, daß das Tor nicht richtig schließt und sich nicht leichtgängig bewegen läßt. Dabei muß man vor allem darauf achten, daß das Torblatt umseitig den gleichen Abstand zum Rahmenprofil hat. Dies wird nur durch einen **exakten waag- und senkrechten Rahmeneinbau** gewährleistet.

***1.* Fehler:** Das Torblatt streift an einer Seite.
Ursache: Das Rahmenprofil ist parallel verschoben.
Abhilfe: Sie müssen den ganzen Torrahmen lockern und wie vorher beschrieben neu andübeln oder einzementieren.

***2.* Fehler:** Das Torblatt streift beim Öffnen oder Schließen am Sturz.
Ursache: Das Rahmenprofil ist im Sturzbereich in der Mitte nach unten gedrückt.
Abhilfe: Lockern Sie den Rahmen am Sturz und drücken ihn nach oben.

***3.* Fehler:** Das Torblatt liegt in der Mitte nicht an.
Ursache: Das Rahmenprofil ist am Boden nach innen gebogen.
Abhilfe: Sie müssen die Zarge an der Schwelle lockern und nach außen drücken.

***4.* Fehler:** Das Torblatt liegt nur in der Mitte an, links und rechts nicht.
Ursache: Der Rahmen ist am Boden nach außen gebogen.
Abhilfe: Die Zarge wird an der Schwelle gelockert und in diesem Fall nach innen gedrückt.

***5.* Fehler:** Das Torblatt liegt unten nur an einer Seite an.
Ursache: Das Rahmenprofil läuft unten an der Schwelle nicht parallel mit dem Sturz.
Abhilfe: Der ganze Torrahmen muß gelockert werden und oben und unten parallel laufend neu eingebaut werden.

***6.* Fehler:** Der Sperriegel rastet nicht ein.
Ursache: Das Tor wurde schief eingebaut. (Siehe Ursachen bei 1., 4., 5.!)
Abhilfe: Soweit möglich kann der Schaden durch Neujustierung von Riegel und Raste (siehe gegenüberliegende Seite!) behoben werden.

Regelmäßig ein paar Tropfen **Öl** auf die Gelenkstellen erhalten die Laufeigenschaften des Tores und verhindern unangenehme Quietschgeräusche beim Öffnen und Schließen. Für den Schloßzylinder nie Öl sondern **Graphit** verwenden!

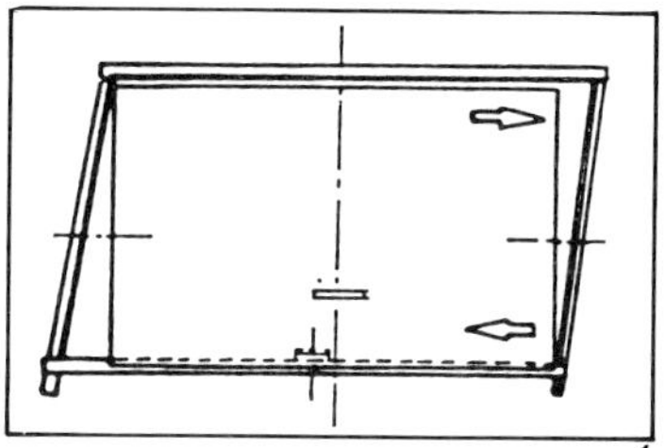

1

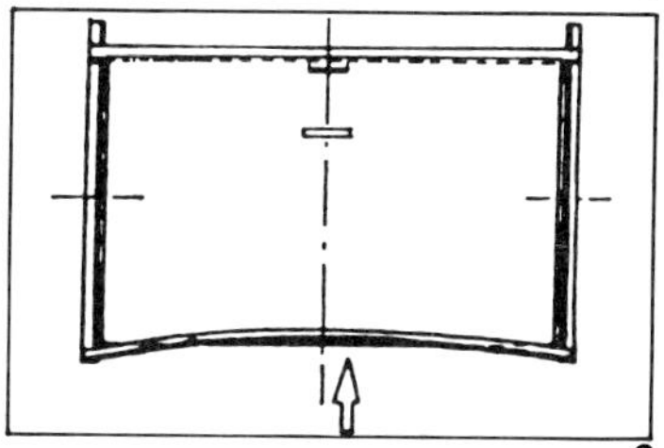

2

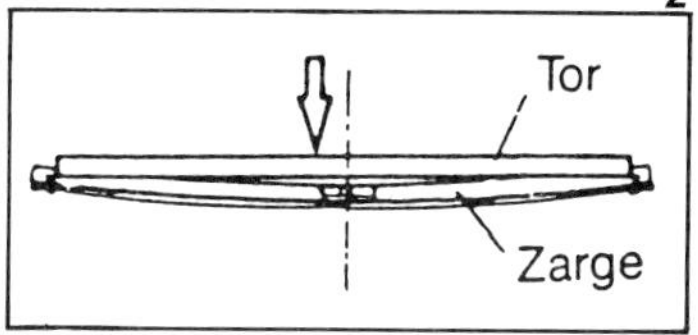

3

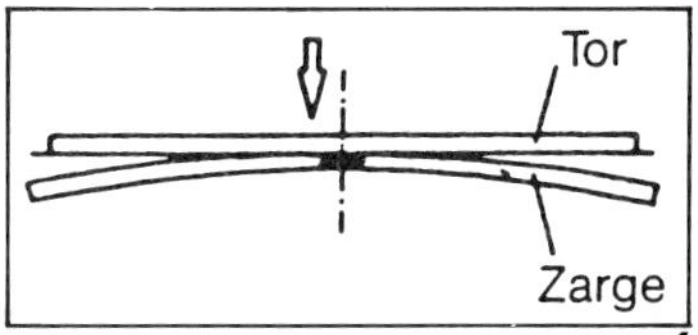

4

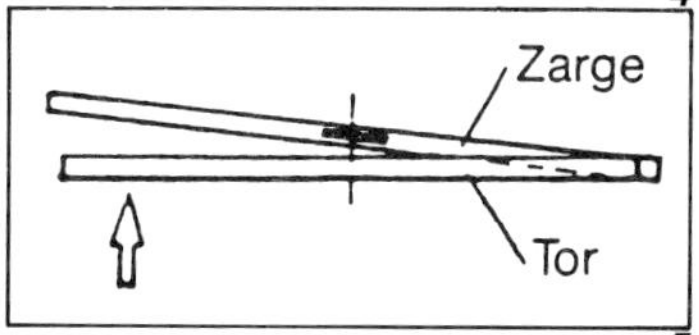

5

Torbelag selbst montiert

1

2

Neben der großen Auswahl an **fertigen Belägen**, können Sie auch das Tor selbst gestalten. Beliebt und einfach zu montieren sind **Beläge aus Profilbrettern.** Anhand der angegebenen **Belagsmaße** für Ihre Torgröße berechnen Sie die Anzahl der Bretter.

3. Bei der senkrechten Anordnung der Profilbretter richtet sich die Länge danach, ob Sie das Sockelblech unten sichtbar lassen und dadurch der Lüftungsspalt offen bleiben kann (a), oder ob Sie den Belag bis zur Unterkante des Tores montieren wollen (b).

4. Nach dem Ablängen der Bretter z.B. mit einer Kappsäge beginnen Sie mit der Verbretterung am besten in der Mitte und bau-

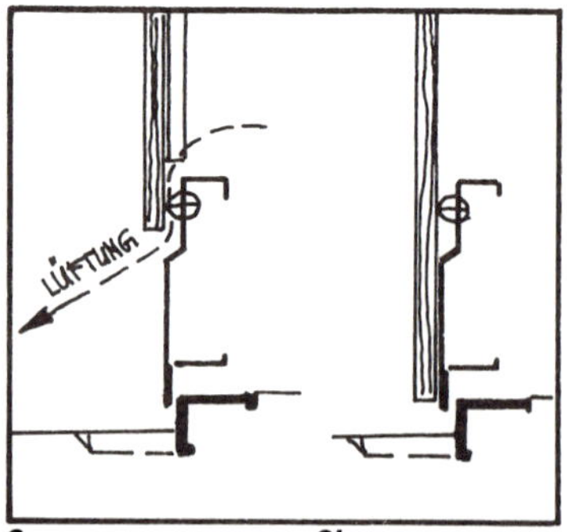

3a 3b

en gleich die Schließanlage ein. Der Sicherheitszylinder ist ausgelegt für Brettstärken bis zu 16 mm. Ist Ihr Belag stärker, müssen Sie einen längeren Zylinder bestellen.

5. Nach dem Einbau bringen Sie die Bretter rechts und links an. Sie werden einfach von innen durch die Lochleisten mit Rundkopfholzschrauben in passender Länge auf den Rahmen geschraubt. Achten Sie auf die genaue senkrechte Ausrichtung der Bretter! Das **maximale Belagsgewicht** beträgt 10 kg/m^2. Den seitlichen Abschluß können Sie bündig gestalten oder mit einer vorgesetzten Leiste den Torrahmen verdecken.

6. Bei der waagrechten Verbretterung müssen Sie auf den Stahlrahmen senkrechte Hilfsleisten aufschrauben. Die Bretter selbst werden dann wieder von innen auf die Hilfsleisten geschraubt. Die maximale Belagsdicke einschließlich der Hilfsleisten beträgt 30 mm.

Wenn Sie die Garage auch als Stellplatz für Räder oder andere Dinge benutzen, ist eine zusätzlich eingebaute Tür im Schwingtor sehr nützlich.

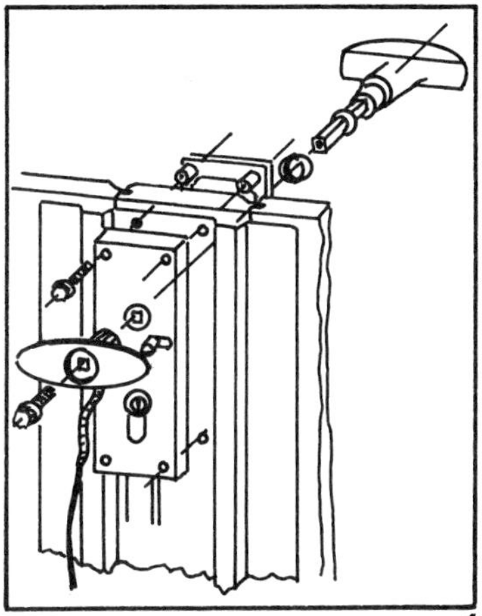

4

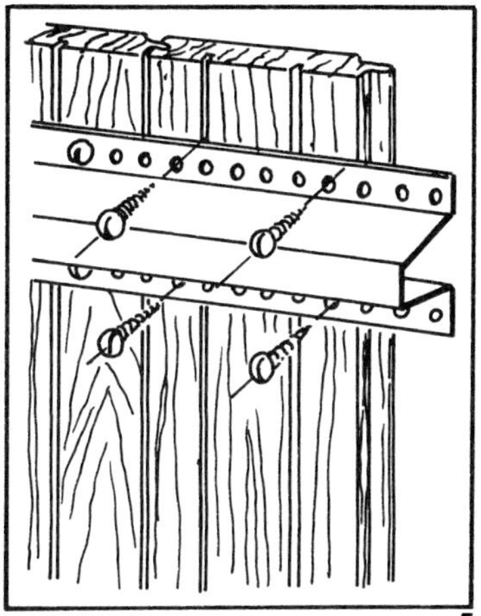

5

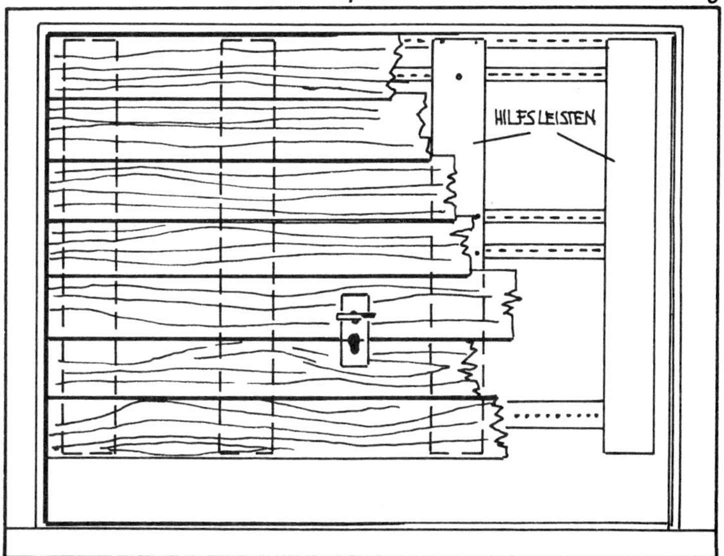

6

Ein Schwingtor, das nicht nach außen schwingt

Material
Schwingtor, z. B. TYP VNA von Normstahl, Befestigungsmaterial

Werkzeug

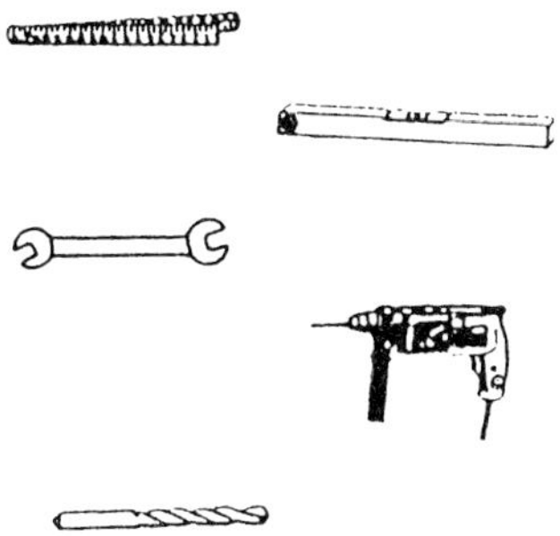

Schwierigkeitsgrad

Kraftaufwand

Arbeitszeit
3-4 Stunden

Ersparnis
Bei Selbsteinbau ca. 500 DM

1.,2. Besonders bei Garagen, die direkt an öffentlichen Gehwege angrenzen, ist das nach außen laufende Schwingtor unvorteilhaft. Hierbei empfiehlt sich der Einbau eines Schwingtortyps, der in keiner Bewegungsphase nach vorne schwingt und für Passanten eine Behinderung darstellen könnte. Der Raum vor dem Tor steht jederzeit als Nutz- und Stellfläche zur Verfügung. Auch bei Rund- oder Segmentbögen bietet er eine einfache und saubere Lösung.

3. Der Einbau erfolgt prinzipiell hinter der Laibung. Die Befestigung des Torrahmens entspricht der des normalen Schwingtores. Die Stahlanker werden also entweder mit dem Mauerwerk verdübelt oder eingemauert. Zusätzlich müssen noch die **Deckenlaufschienen** angebracht werden. Achten Sie hierbei vor allem auf einen exakt waagrechten Verlauf, damit sich das Torblatt nicht verkantet.

Dieser Tortyp ist nur mit Deckenlaufschienen lieferbar. Ein **elektrischer Torantrieb** kann angebracht werden. Der Einbau einer Schlupftür ist hier jedoch nicht möglich.

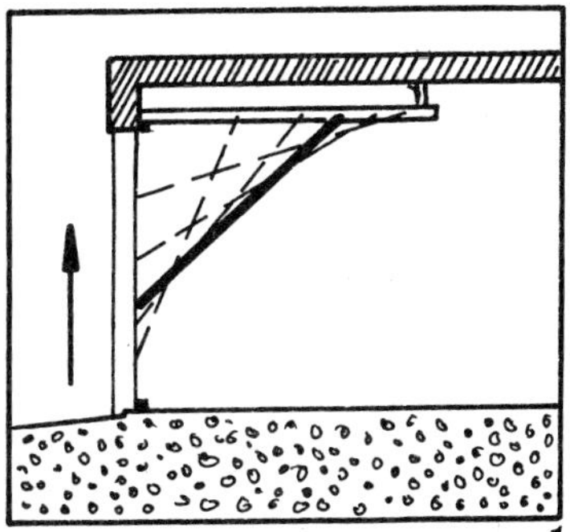

1

2

3

Seitensectionaltor, das Garagentor zum Schieben

Material
Seitensectionaltor
Befestigungsmaterial
Draht, Fett

Werkzeug

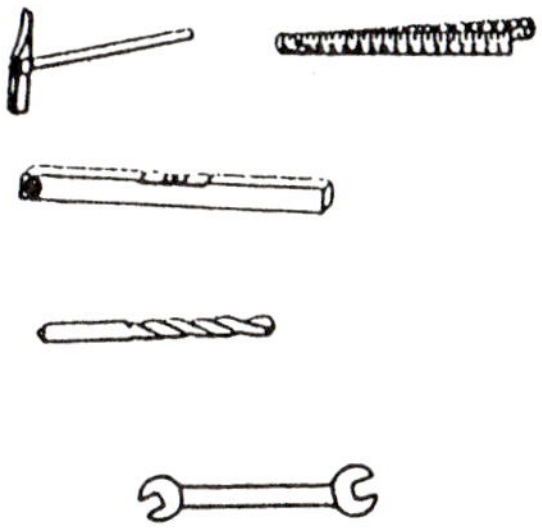

Schwierigkeitsgrad

Kraftaufwand

Arbeitszeit
4-5 Stunden

Ersparnis
Bei Eigeneinbau
6000-7000 Mark

Eine interessante Möglichkeit für Ihr Garagentor stellt sicherlich das **Seitensectionaltor** dar, das leichtgängig auf Rollen einfach beiseite geschoben werden kann. Es eignet sich, da es innerhalb des Garagenraums läuft, bestens für Rund- und Segmentbögen. Deckenlaufschienen sind nicht notwendig. Auch hohe Fahrzeuge finden daher spielend Platz in Ihrer Garage. Durchfahrtshöhe und -breite können optimal genutzt werden.

1. Auch bei den Oberflächen steht eine Vielfalt an Belägen zur Auswahl. Holz in verschiedenen Anordnungen, Kupfer in Bahnen- und Kasettenform, Aluminium eloxiert und kunststoffbeschichtete Stahlbleche in verschiedenen Farben lassen eine individuelle Gastaltung zu.

2. Außerdem können Sie den Belag selbst aufbringen, wobei Sie Material, wie Sie es an anderer Stelle Ihres Hauses verwendet haben, einsetzen können.

3. Eine interessante Variante des Belags ist sicherlich die **Verglasung mit Acrylglas**, wodurch Sie das Tageslicht in Ihre Garage holen können.

1

2

3

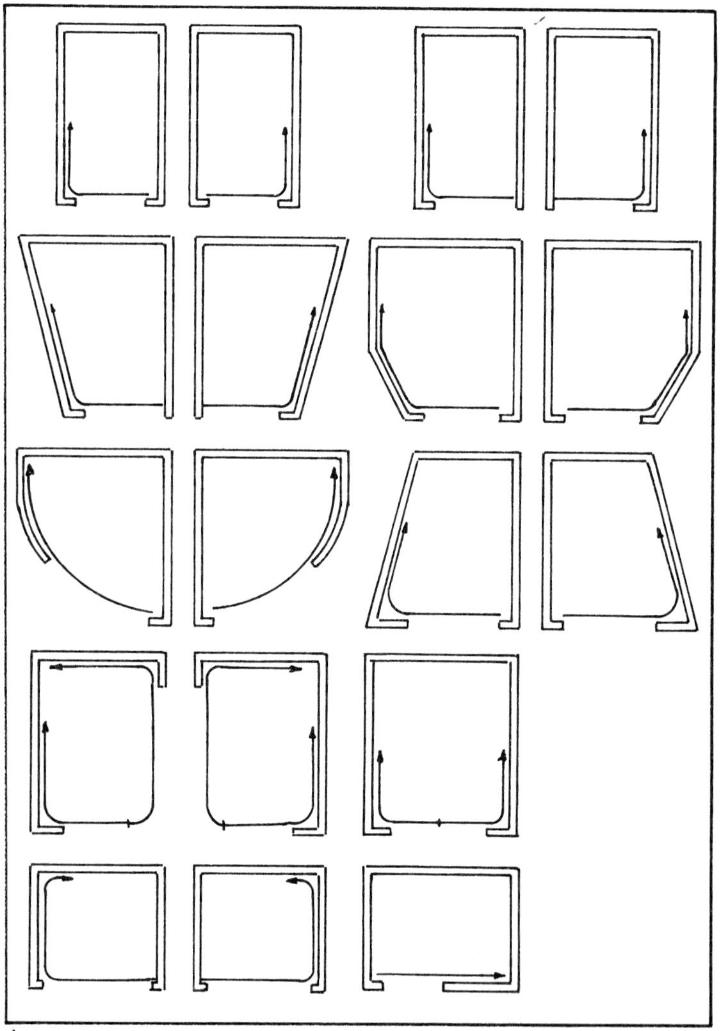
1

1. Seitensectionaltore lassen sich bei verschiedensten Garagengrundrissen einbauen. Dadurch besteht auch die Möglichkeit, von der typischen rechteckigen Garagenform abzuweichen. Rund, über Eck, trapezförmig, einseitig, nach links und rechts bei großen Toren, sogar zweimal abgeknickt können sie das Tor führen. Vor dem Toreinbau sollten Sie die Garageninnenwände sowie die Laibung der Toreinfahrt verputzen und streichen. Der Bodenbelag wie Estrich oder Fliesen wird erst nach dem Toreinbau aufgebracht. Bei bereits bestehenden Garagen mit Bodenbelag muß die **Bodenlaufschiene** eingelassen werden. Sie können aber auch **Renovierungslaufschienen**, die auf den alten Boden aufgeschraubt werden, verwenden. Sie müssen hierfür den Boden nicht extra aufbrechen.

2.,3. Das Tor selbst besteht aus Alurahmensegmenten mit dem gewünschten Belag, die mit den Trag- und Laufrollen oben und unten eingehängt werden. Der Rahmen des Seitensectionaltors besteht aus der Bodenlaufschiene, der Zarge und der Sturzlaufschiene mit der Schlossfalle.

Wichtig ist das **Maß der seitlichen Wand** neben der Toröffnung. Die Standardvariante können Sie bei einer Breite ab 50 cm verwenden. Von 35 bis 50 cm muß man eine zusätzliche Scharnierkonsole einbauen. Ab 20 bis 35 cm muß eine **Doppelkurve** bei den Laufschienen montiert werden. Außerdem müssen Sie vorab noch die Laufrichtung, rechts, links oder nach beiden Seiten, festlegen. Ein automatischer Torantrieb kann zusätzlich eingebaut werden.

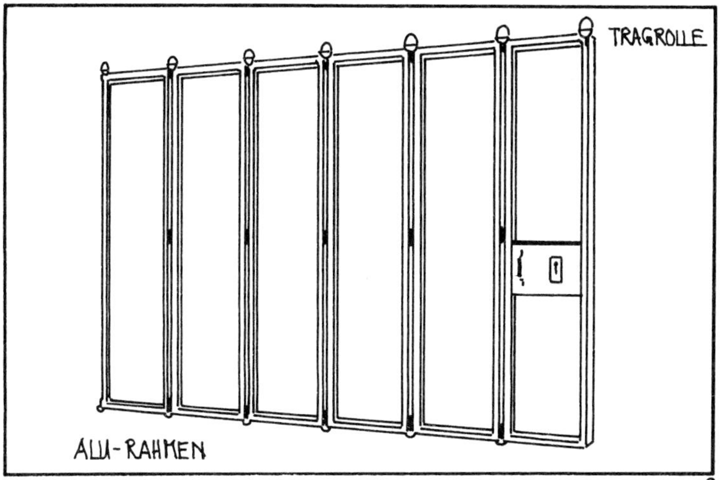

2

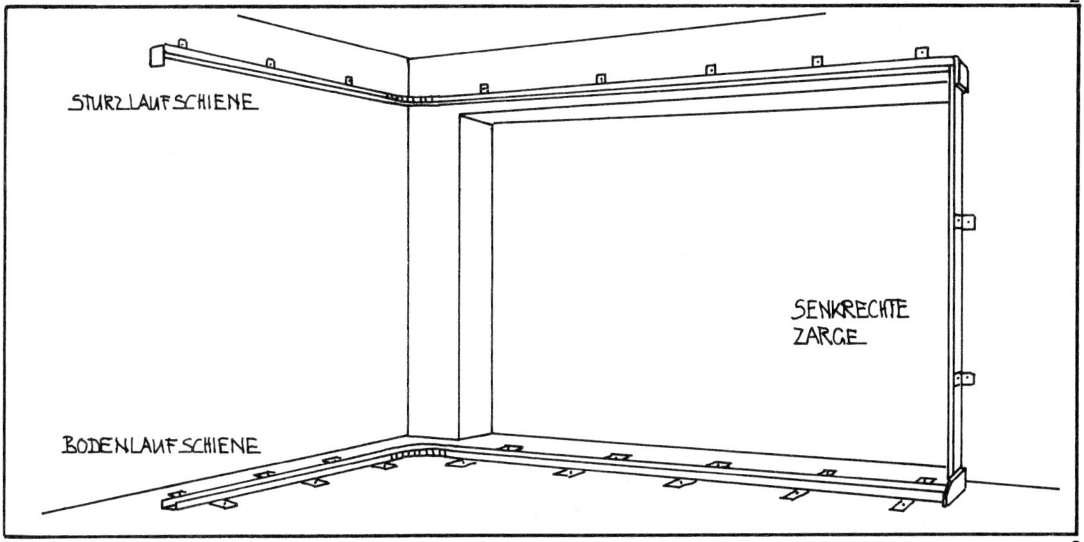

3

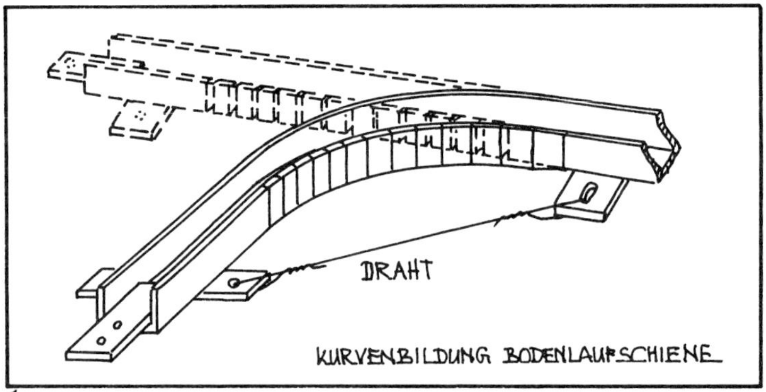

1

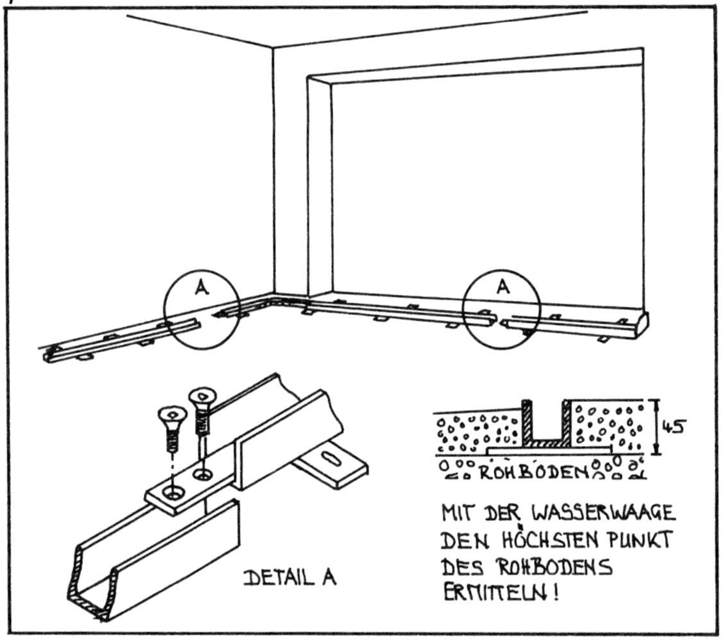

2

Montage des Seitensectionaltores

1. Die Montage des Seitensectionaltores ist denkbar einfach. Legen Sie zuerst das Bodenlaufschienenteil mit den Kurveneinschnitten in die Ecke. Das Teil selbst biegen Sie entsprechend Ihrem Wandverlauf. Mit einem Draht halten Sie die Schiene in der richtigen Biegung.

2. Anschließend legen Sie die weiteren **Bodenlaufschienen** aus. Mit den Innensechskantsenkknopfschrauben verbinden Sie die einzelnen Teile (Detail A). Das wichtigste bei der Bodenlaufschiene ist die exakte waagrechte und verwindungsfreie Ausrichtung. Mit der Wasserwaage müssen Sie den höchsten Punkt des Unterbodens entlang der Schiene ermitteln. Die Oberkante der Schiene selbst muß mindestens 45 mm über dem höchsten Punkt des Unterbodens liegen. Gleichen Sie die anderen Teile durch Unterlegen von Hölzern so an, daß die Schiene waagrecht liegt. Die Bodenschiene wird nicht angedübelt, um Differenzen z.B. zur Deckenlaufschiene noch ausgleichen zu können.

3.,4. Als nächstes stellen Sie die **senkrechte Zarge** auf. Mit den Flachkopfschrauben verbinden Sie die Zarge unten mit der Bodenlaufschiene (Detail A). Je nach Belagsdicke müssen Sie die erste Lochreihe (Belag 1 - 16 mm) oder die hintere (17 - 27 mm) verwenden. Die hintere Kante der Zarge soll bündig mit der Laibungsinnenkante abschließen. Nachdem Sie die Zarge in beiden Richtungen senkrecht mit der Wasserwaage ausgerichtet haben, können sie sie mit der Wand verdübeln. Achten Sie je nach Sturzvariante auf die vorgeschriebenen Höhenmaße!

3.,5. Die Kurve der Sturzlaufschiene wird wie die Bodenschiene abgebogen und mit einem Draht fixiert. Mit einer Hilfsmontagelatte bringen Sie das eine Ende in die gewünschte Höhe. Das andere Ende legen Sie auf die senkrechte Zarge und verschrauben die beiden Teile. Richtige Lochreihe entsprechend der Belagsdicke verwenden! Die Sturzlaufschiene wird nun mit der Wasserwaage ausgerichtet und mit der Wand verdübelt. Abschließend wird die Verlängerung der Laufschiene an der Seitenwand angebracht.

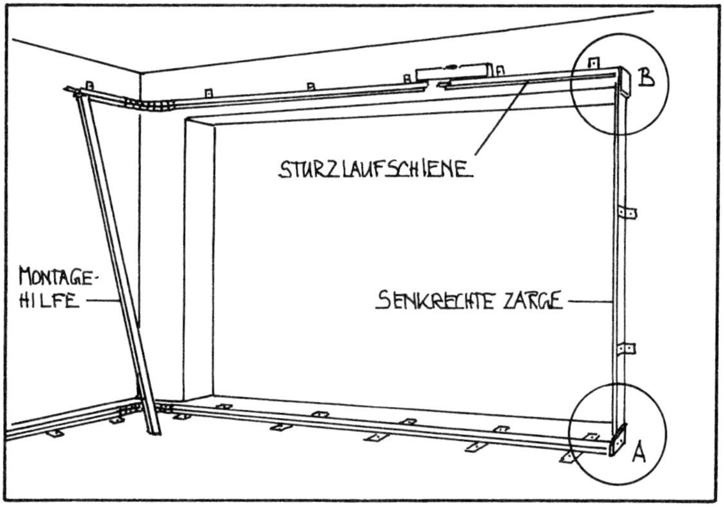

3

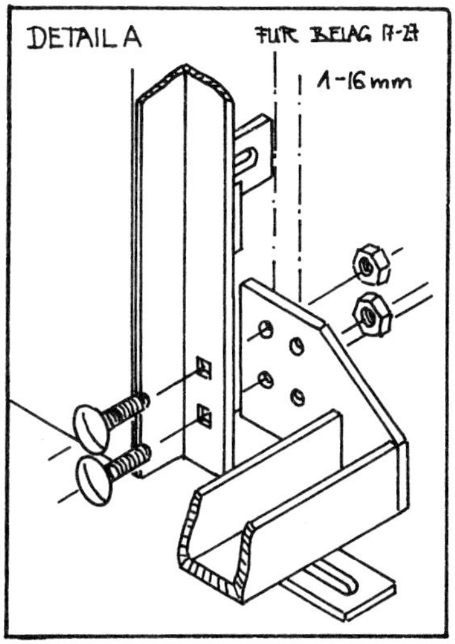

4

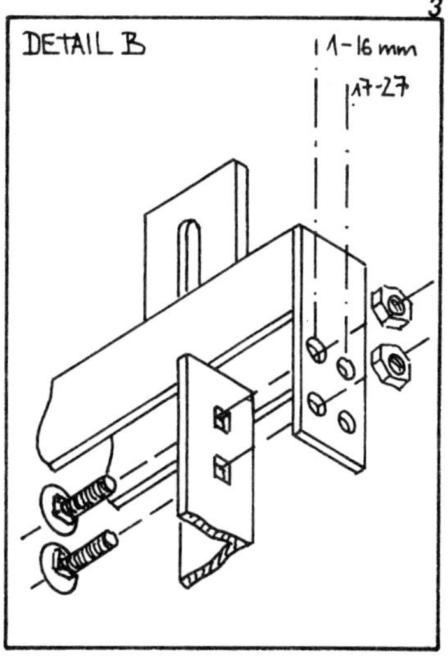

5

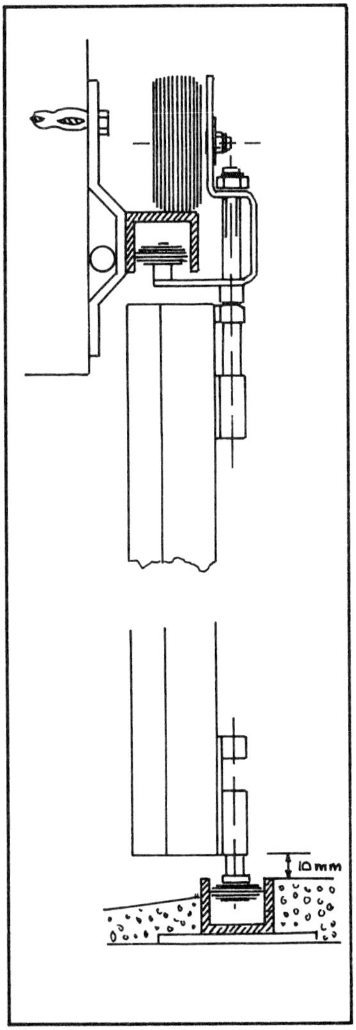

6

Am Ende der Seitenwandlaufschiene wird das Pufferstück angeschraubt.
Bei Toren mit Links- und Rechtslauf wird eine senkrechte Strebe zwischen den beiden Laufschienen als **Montagehilfe** mitgeliefert. Sie beginnen mit der Montage in der Mitte des Torausschnittes. Die Hilfsstrebe wird zum Schluß entfernt.

6. Jetzt nehmen Sie einen Torflügel aus der Verpackung. Die Bodenlaufrollen sind bereits montiert. Bringen Sie nun zwei Deckenlaufrollen an. Zwischen den Rollenteilen und den oberen Scharnieren wird ein Distanzstück eingebracht. Beachten Sie, daß diese Hülse locker sitzen soll (Spiel ca. 2 - 3 mm). Dieses Segment wird nun eingehängt und als Einrichthilfe für die Bodenschienenmontage benutzt. Beginnen Sie bei der senkrechten Zarge und schieben den Flügel Stück für Stück weiter. Dabei überprüfen Sie immer wieder den senkrechten Sitz des Flügels. Der Abstand unten zur späteren Bodenhöhe soll 10 mm betragen. Stimmt die Ausrichtung und die Höhe, kann die Bodenschiene angedübelt werden.

Nun hängen Sie die weiteren Segmente ein und verbinden sie mit den drei Scharnierteilen. Zwischen zwei Segmenten wird die obere Laufrolle mit dem Scharnierstift im mittleren Loch befestigt, die Anfangs- und Endrolle im äußeren Loch. Fetten Sie alle Scharnierstifte gut ein!

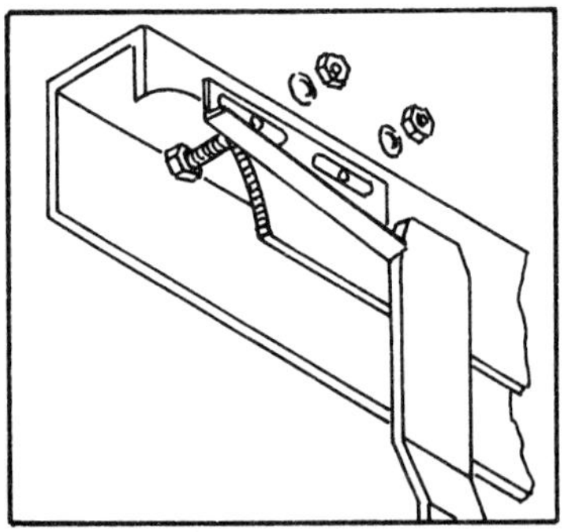

7

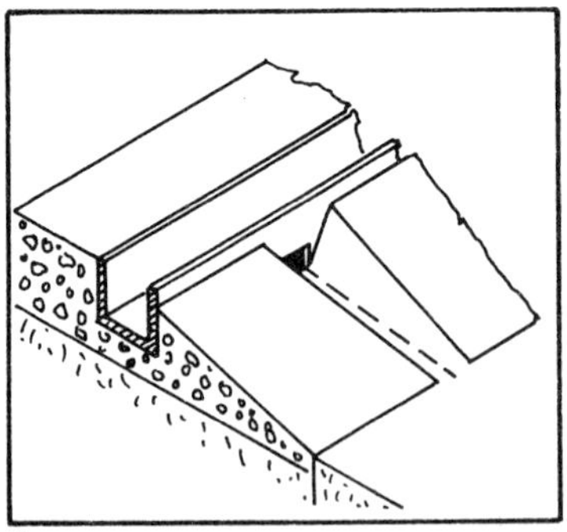

8

7. Der **Schloßstangeneingriff** wird an die Sturzlaufschiene geschraubt. Durch die Langlöcher kann er seitlich soweit verschoben werden, bis die Schloßstange gut einrastet. Die Stange selbst wird mit dem Flachstück am Schloßkasten verschraubt und auf die richtige Länge eingestellt. Am letzten Segmentstück wird die Bürstenleiste aufgeschraubt, die den Abstand zwischen Torsegment und Wand abdichtet. Stellen Sie die Leiste entsprechend ein!

8. Der Fußboden kann innen bis zur Höhe der Bodenlaufschiene aufgetragen werden. Der Anschluß außen soll 10 mm unter der Laufschiene liegen. Die Schiene besitzt in der senkrechten Außenwandung **Wasserablaufschlitze**. Damit möglicherweise eindringendes Wasser ablaufen kann, müssen Sie außen an den Entwässerungsschlitzen den Bodenbelag so einkerben, daß ein Gefälle entsteht. Reinigen Sie nach den Bodenarbeiten die Laufschiene von Beton- oder sonstigen Verschmutzungen.

9. Ist der seitliche Mauerteil neben der Toröffnung zu klein (Maße siehe Seite 105!), können Sie sich mit einer Blende, die mit dem gleichen Belag wie das Tor belegt ist, behelfen. Die Maueranker können entsprechend der baulichen Situation abgebogen werden.

10.,11. Bei Toren mit zu kleinem Mauervorsprung wird die Blende bündig mit der Mauerinnenkante montiert, ohne Vorsprung gibt der Sturz die Position vor.

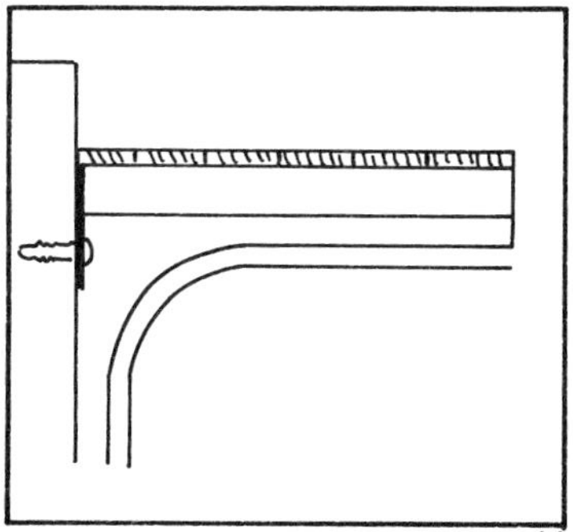

11

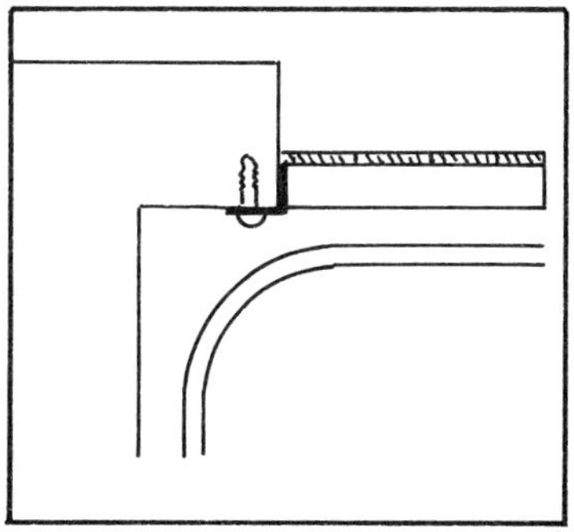

10

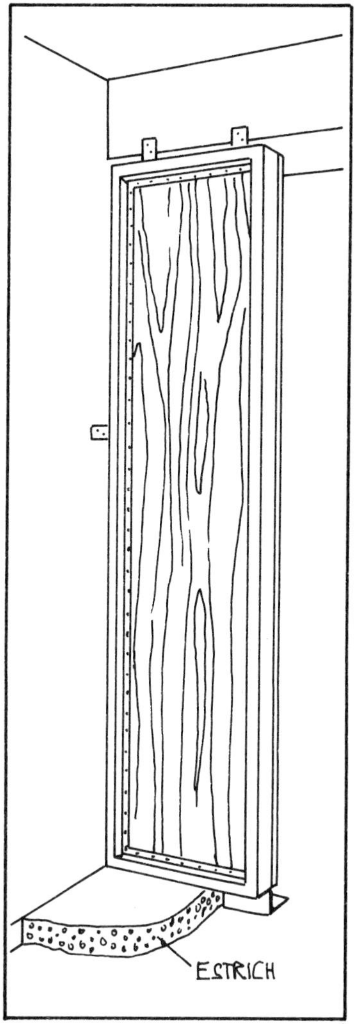

9

Garagentor automatisch angetrieben

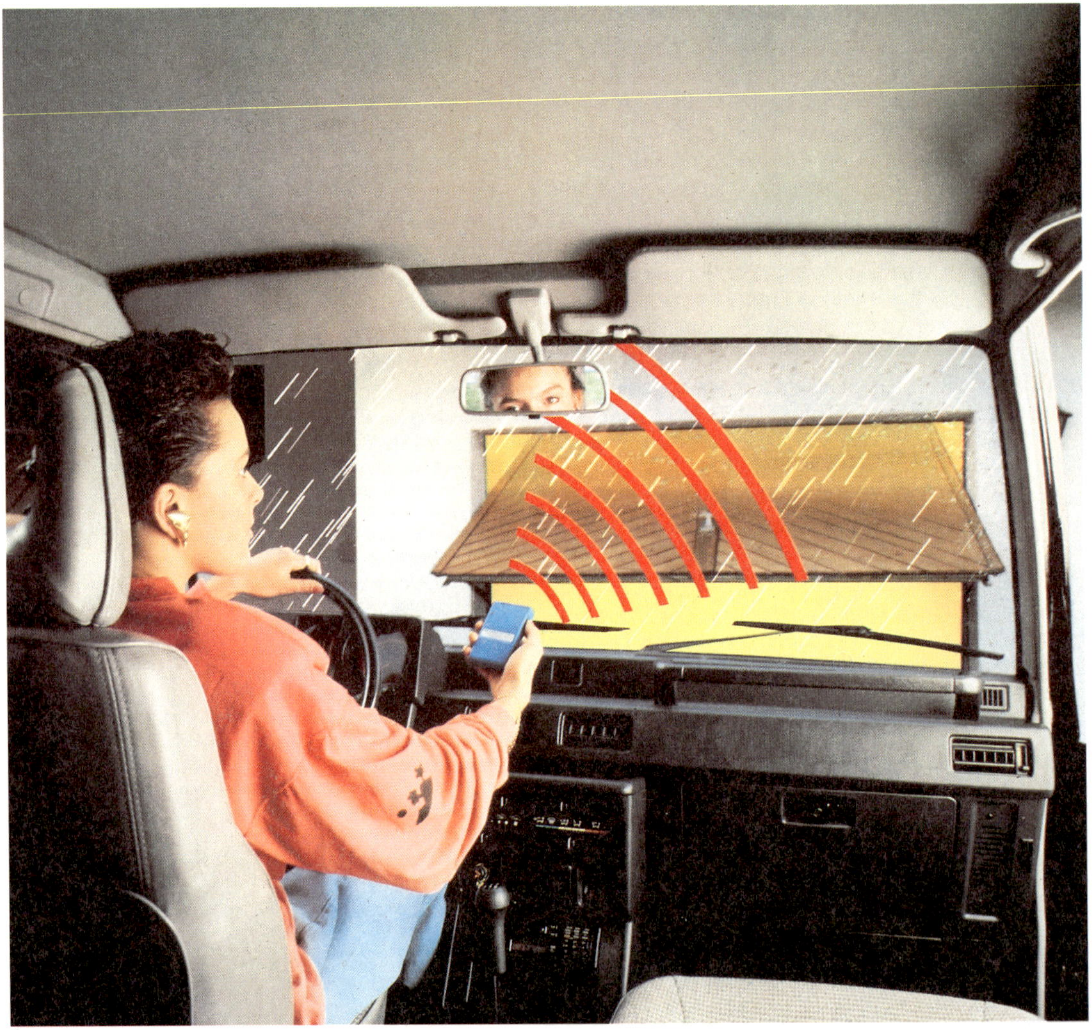

1

Material
Torantrieb in geeigneter Ausführung

Werkzeug

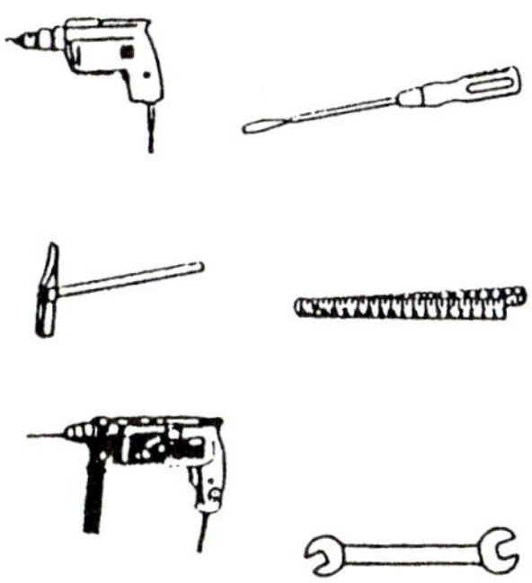

Schwierigkeitsgrad

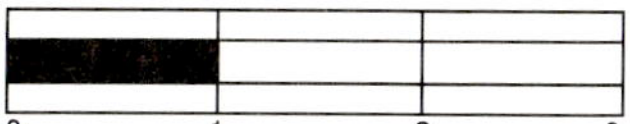

Kraftaufwand

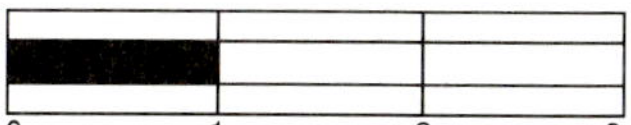

Arbeitszeit
2-3 Stunden

Ersparnis
Durch die Eigenmontage sparen Sie etwa 200 Mark

Eine praktische Ergänzung ist der **automatische Torantrieb.**

1. Bequem mit dem Schlüssel oder funkgesteuert mit einem Handsender vom Auto aus öffnet und schließt man das Tor. Durch den Stahlseilzugmechanismus gibt es keine Ölschmierflecken auf dem Autodach oder dem Tor. Der wartungsfreie Toröffner wird einfach an die Steckdose angeschlossen. Integriert ist eine Garagenbeleuchtung, eine Notentriegelung bei Stromausfall, die von innen über einen Bodenzug, von außen über das Schloß bedient wird.

2. Die **Zweiarmausführung** ist auch für große Schwingtore wie bei Doppelgaragen geeignet.

3. Auch für Seitensectionaltore sind automatische Toröffner erhältlich. Das abgebildete Modell kann auf 7,3 m verlängert oder auf 1,2 m verkürzt werden.

4. Für Garagen ohne Stromanschluß kann der Toröffner über einen Solargenerator mit Sonnenlicht betrieben werden. Eine **Pufferbatterie** sorgt für Strom auch während der Nacht und bei Schlechtwetterperioden.

_2_

_3_

_4_

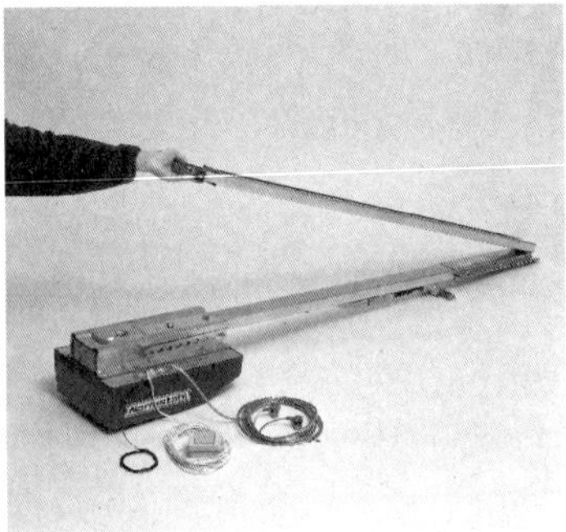
5

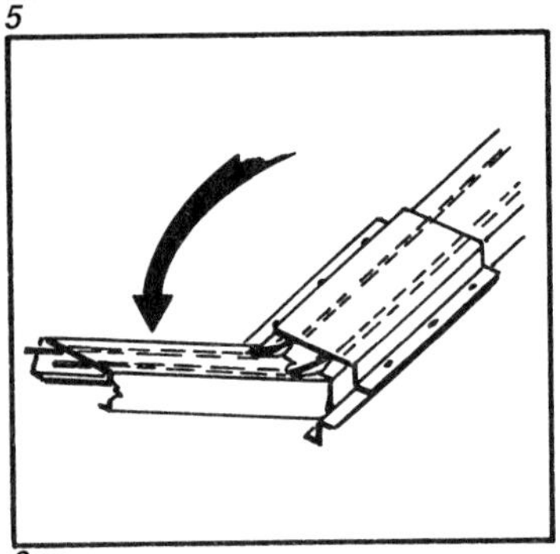
6

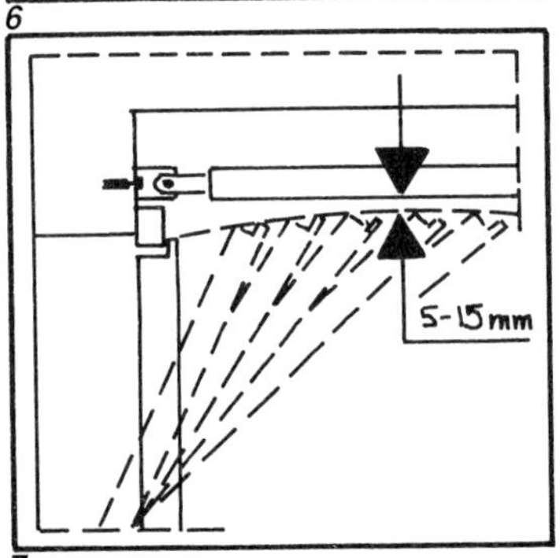

7

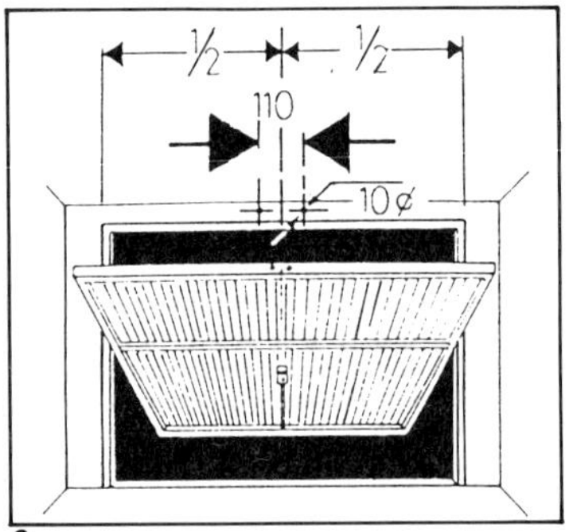

8

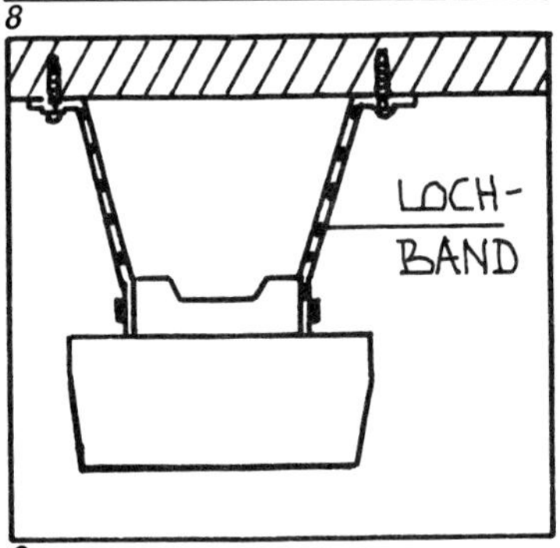

9

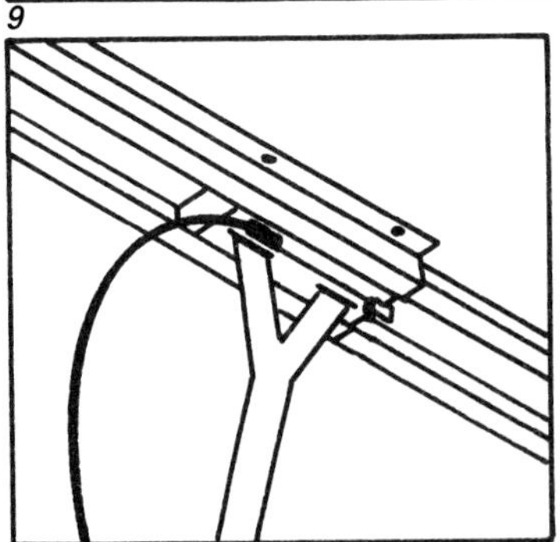
10

Die im folgenden beschriebene Montage des einfachen Torantriebs für normal breite Schwingtore kann von Ihnen selbst ausgeführt werden.

5.,6. Aus Verpackungsgründen ist die Führungsschiene abgeknickt. Klappen Sie das **Schienenteil** nach vorne. Achten Sie darauf, daß die Zugseile dabei nicht abgeknickt werden. Die Muttern des Verbindungsteils müssen nun gelockert werden. Schieben Sie es über die andere Schienenhälfte und ziehen Sie alle Muttern wieder an.

7. Die Führungsschiene wird nun knapp über der **Torrahmenzarge** am Sturz angeordnet. Der Abstand soll 5 -15 mm zum höchsten Punkt des Toröffnungsverlaufes betragen.

8. Bohren Sie für die Befestigung der **Sturzkonsole** zwei Löcher im Abstand von 110 mm mittig zum Tor in der ermittelten Höhe in den Sturz. Nun verschrauben Sie die Halterung am Führungsschienenende mit der Mauer.

9. Der **Antriebskopf** muß soweit wie möglich parallel und waagrecht zum geöffneten Tor montiert werden. Gegebenenfalls müssen Sie die Lochbänder, mit denen der Antrieb an der Decke befestigt wird, verkürzen oder verlängern. Danach schrauben Sie ihn fest.

Nun beginnen die Befestigungsarbeiten am Torblatt selbst.

10. Der Schlitten im Führungsgestänge wird ausgeklinkt und zum Tor geschoben.

11. Das Ende wird mit dem oberen Torblattrahmen verschraubt. Das Seil für die Schloßstangenentriegelung und das Notentriegelungsseil werden am Schloßteil und am Sperriegel befestigt. Prüfen Sie die **Notentriegelung** auf jeden Fall zuerst von innen! Danach öffnen Sie das Tor von Hand und schieben den Schlitten zurück, bis er einrastet.

Ihr Toröffner ist nun fertig für einen **Probelauf**. Gegebenenfalls müssen die Endabschaltung, die Hindernissicherung sowie die Soft-Stop-Einstellung (reduzierte Geschwindigkeit in der Laufendphase) noch eingestellt werden. Jetzt fehlt nur noch die **Codierung** der Fernsteuerung auf Ihren persönlichen Code.

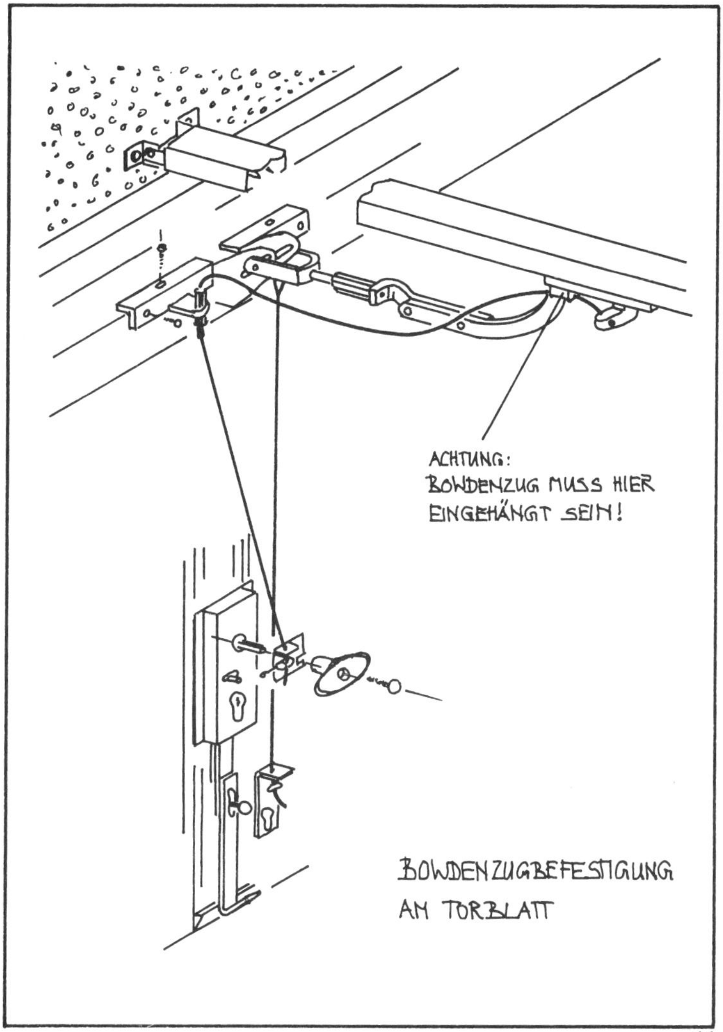

11

Ein wichtiges Thema: Sicherheit

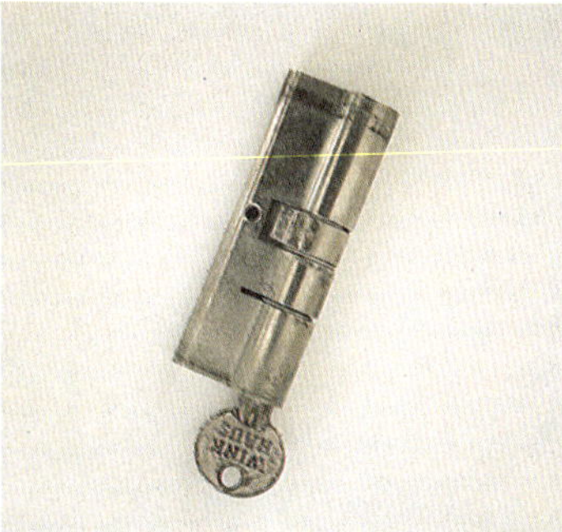

1

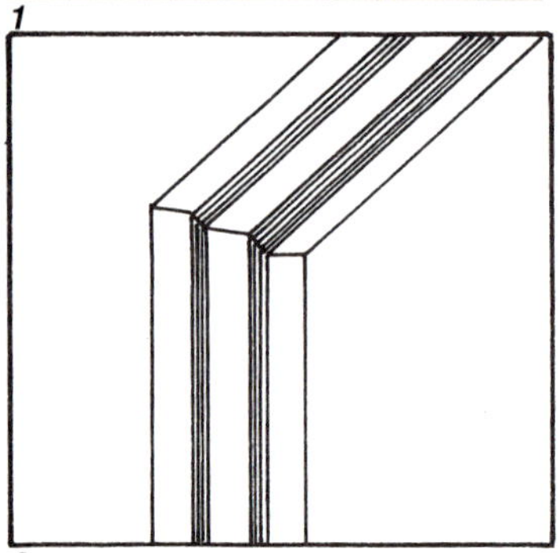

2

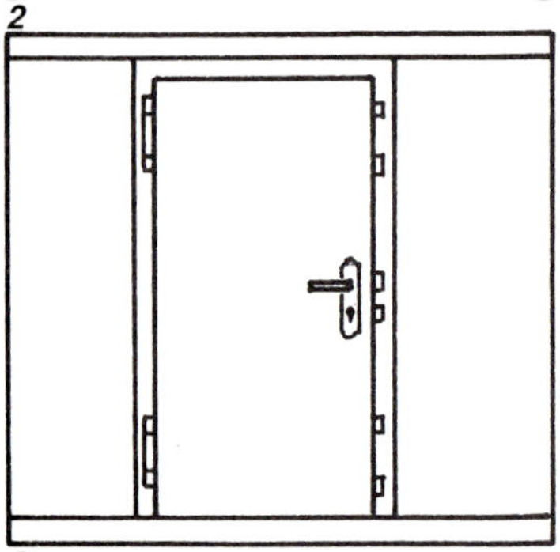

3

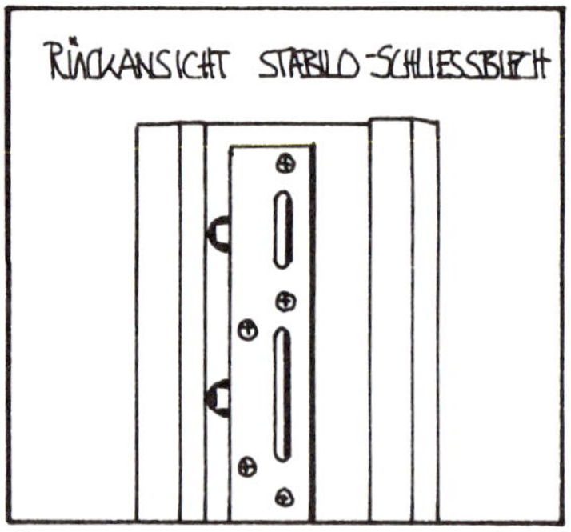

4

5

6

Die Einbrüche in der Bundesrepublik nehmen jährlich zu. Daher steigt die Nachfrage nach einbruchshemmenden Einrichtungen bei Türen und Fenstern.

1. Bei Außentüren und Garagentoren sollten Sie unbedingt aufbohrsichere **Sicherheitszylinderschlösser** einbauen, die wesentlich schwieriger zu öffnen sind als normale Bartschlösser.

2. Die Tür selbst sollte mit einem **Doppelfalz** ausgestattet sein. Dieser zweite Falz verhindert, daß die Falle der geschlossenen, aber nicht abgesperrten Tür z.B. mit einer Plastikkarte aufgedrückt werden kann.

3. **Mehrfachverriegelungen** über die ganze Türhöhe bieten zusätzlichen Schutz.

4. Die **Türschließbleche** müssen verstärkt und aufbruchsicher sein.

5. Vor ungebetenem Besuch schützen Sie sich auch durch den Einbau eines Spions. Sie lassen sich für die verschiedenen Türstärken einstellen. Je nach Linse decken sie verschiedene Blickwinkel ab.

6. Die vorgelegte Sicherheitskette verhindert den unerlaubten Eintritt in Ihre Wohnung. Aufwendiger ist die Überwachung mit Sprechanlage, Bewegungsmelder und Videokamera.

7. Abschließbare Fenstergriffe erschweren das unbefugte Öffnen von außen oder innen.

8. Zusätzlich schützt die **Aushebelsicherung**, die verhindert, daß das Fenster mit einem Eisen aus dem Falz gehoben und geöffnet werden kann.

Neben Vorrichtungen zur Abwehr von Einbrüchen gibt es beim Fenster noch Mechanismen für Ihre eigene Sicherheit:

9. Eine **Schaltsperre** verhindert die Fehlbedienung des Fensters. Der Fenstergriff läßt sich damit im gekippten oder gedrehten Zustand nicht betätigen. Ein gekipptes Fenster läßt sich von außen nicht vollständig öffnen, das Einbrechen wird erheblich erschwert.

10. Bei **Drehsperre** läßt sich das Fenster im abgeschlossenen Zustand nur kippen. Die Drehstellung ist gesperrt.

7

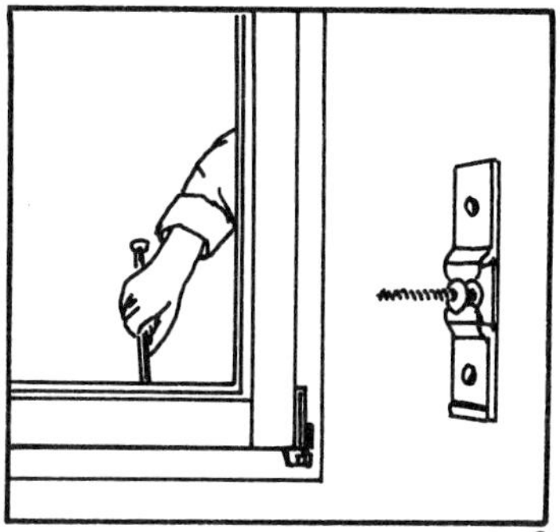

8

9

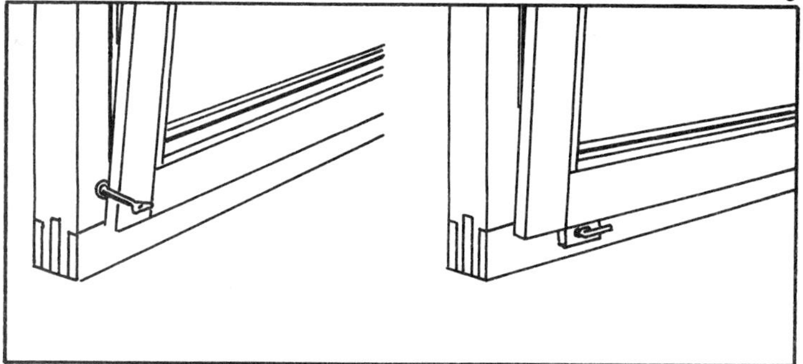

10

Praktische Tips rund um Türen und Fenster

1

2

3

Es zieht durch die Tür.

Dafür gibt es verschiedene Ursachen, die zu erhöhten Heizkosten und der unangenehmen kalten Zugluft führen:

1. Ihre Tür ist mit einer Gummiprofildichtung ausgestattet. Überprüfen Sie, ob die Dichtungen durchgehend richtig in der Nut sitzen. Manchmal verschieben sie sich, und durch die Spalten dringt die Kaltluft ein. Poröse, abgenutzte Gummis müssen erneuert werden.

Ihre Tür hat kein Dichtungsprofil. In diesem Fall schafft das Anbringen eines Schaumgummiprofils in passender Breite auf dem Türrahmenfalz Abhilfe.

2. Das Türblatt hat sich verzogen. Dies erkennen Sie, wenn das Blatt bei geschlossener Tür nicht an allen Seiten am Türstock anliegt. Bei geringem Verzug können Sie in dem abstehenden Abschnitt ebenfalls ein Schaumstoffband anbringen. Reicht dies nicht aus, ist es sinnvoller, das Türblatt auszuwechseln.

3. Ein **Türband** hat sich gelockert. Bei Stahlzargen kann es vorkommen, daß sich ein eingestecktes Scharnierteil gelockert hat und die Tür dadurch »hängt«. Sie müssen die Tür neu einrichten und die Einsteckbänder wieder festschrauben.

Eine weitere Quelle für Zugluft kann ein Spalt zwischen Türrahmen, Verkleidung und Mauerwerk sein. Er kann einfach mit Silicon oder Acryldispersion abgedichtet werden.

4. Es zieht durch den Spalt zwischen Fußboden und Türblatt. Hier können **Gummiprofile** auf die untere Seite des Türblatts aufgebracht werden. Je nach Spaltbreite lassen sich die Türdichtungen aufkleben, aufschrauben oder etwas aufwendiger in einer Nut einsenken. Es gibt auch Systeme, die innen auf die Türblattfläche sichtbar geklebt werden können, was aber aus optischen Gründen meist umgangen wird.

Die Tür schließt nicht richtig.

Wenn das Türblatt nicht mehr in den Rahmen geht, hat sich meist das **Einsteckband** am Türblatt gelockert und muß nachgedreht werden.

Die Tür geht zwar zu, aber die Falle rutscht nicht mehr in das Schließblech. Ursache kann sein, daß sich das Türblatt gesenkt hat. Dies können sie ausgleichen, indem Sie passende Metallringe auf die Türangeldorne am Türrahmen legen.

5. Andernfalls sperren sie die Tür im geöffneten Zustand ab und schließen sie vorsichtig. Mit einem Bleistift markieren Sie die Höhe von Falle und Riegel am Türrahmen. Daraus können Sie ersehen, ob die Höhe der Ausschnitte am Schließblech übereinstimmt.

6. Notfalls muß das Schließblech nachgefeilt werden.

Die Tür klappert.

Ursache ist auch in diesem Fall die ungenaue Paßgenauigkeit des Schließbleches. Entweder richtet man das Blech mit einem Hammerschlag leicht nach oder es muß so versetzt werden, daß ein strammer Sitz wieder gewährleistet ist. Die alten Schraublöcher müssen dabei verschlossen werden, um daneben die neuen einbohren zu können.

Die Tür streift am Boden.

Die Tür kann mit Metallringen auf den Angeldornen am Türrahmen gehoben werden. Ist dies nicht mehr möglich, wird das Türblatt unten mit der Hobelmaschine gekürzt.

In bestimmten Fällen, z.B. wenn die Tür nur an einem im Raum liegenden Teppichläufer streift, würde der durch das Heben entstehende Spalt zu groß. Abhilfe schafft ein am Rahmen und Blatt zu befestigender Türheber, der die Tür beim Öffnen leicht anhebt.

Die Tür schlägt an.

Es gibt inzwischen sehr formschöne **Türstopper** aus Gummi oder Kunststoff, teilweise abgestimmt auf die verwendeten Beschläge. Sie können entweder seitlich an der Mauer in Höhe des Türgriffes oder am Boden angeschraubt werden. Beachten Sie aber die richtige Position. Wenn sich der Türstopper zu weit im Raum befindet, kann er leicht zu einer Stolperfalle für Sie werden, ist er zu nah an den Angeln ist die Hebelwirkung für die Angel zu hoch.

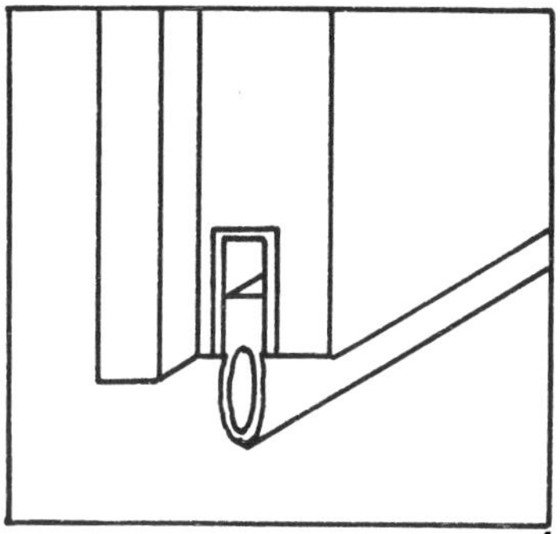

4

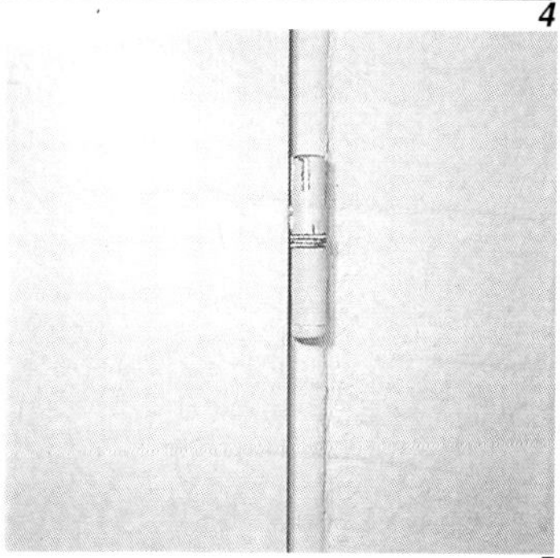

5

6

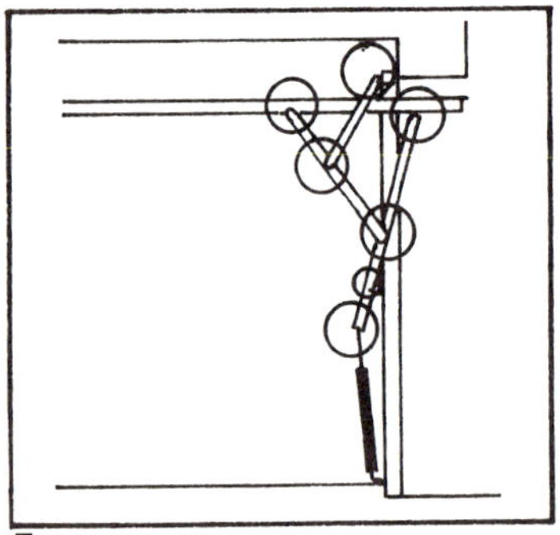

7

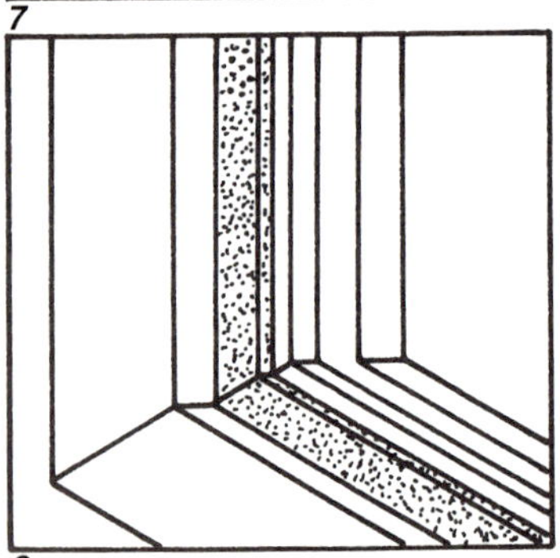

8

9

7. Wie alle beweglichen Teile brauchen auch Türangeln von Zeit zu Zeit ein paar Tropfen Öl, damit sie nicht knarren. Schlösser, vor allem Zylinderschlösser sollten aber nicht mit Öl, das verharzen kann, sondern mit **Graphit** geschmiert werden. Auch Garagentore gehen leichter und leiser, wenn die Gelenke öfters geölt werden.

Zugluft durch undichte Fenster

Eine Ursache können **abgenutzte Beschläge** sein, so daß das Fenster nicht mehr richtig schließt. Können die Beschläge nicht mehr nachjustiert werden, müssen sie ausgetauscht werden.

8. Überprüfen Sie auch den Zustand der **Profilgummis**, wenn vorhanden. Bei Fenstern ohne Dichtungen kann wie bei den Türen ein Schaumgummiband aufgeklebt werden. Langlebiger sind geeignete Gummidichtungen, die entweder geklebt, genagelt, oder eingefräst werden. Bei Kunststoffenstern ziehen Sie am besten die Herstellerfirma zu Rate, um eine fachmännische und dauerhafte Behebung des Schadens zu erreichen.

Undichte Dachfenster

Äußerst unangenehm ist es, wenn bei Regen oder Flugschnee Wasser in die Dachkonstruktion oder den Innenraum eindringt. Die am schnellsten zu behebende Ursache sind Verschmutzungen auf den Gummiprofilen. Abgenutzte Profile müssen erneuert werden.

9. Ansonsten müssen Sie auf Dach steigen. Sichern Sie sich hier aber gegen Absturzgefahr ab. Die Ablaufrinnen dürfen z.B. durch Laub nicht verstopft sein. Die Dachziegel müssen exakt und ohne Spalten auf den Schaumgummiprofilen aufsitzen. Die Dichtung zwischen Glasscheibe und Rahmen darf nicht verletzt sein. Die Bleischürze muß satt auf den Ziegeln aufliegen. Stellen Sie keine dieser Ursachen fest, hilft nur noch der Fachmann!

Klemmende Fenster

Liegt das Fenster unten auf, legen Sie an den Angeln wieder Metallringe auf. Bei neuem Anstrich kann auch die Farbschicht für das Klemmen verantwortlich sein.

COMPACT PRAXIS »do it yourself«

Jeder Band mit 120 Seiten, nur 19,80 DM

Anwenderfreundliche Komplettanleitungen für alle wichtigen Heimwerkerarbeiten – jeder Band mit über 300 Abbildungen

Übersichtliche Symbole für Schwierigkeitsgrad, Zeitaufwand, Ersparnis und Werkzeuge – moderne Profitechniken für jedermann

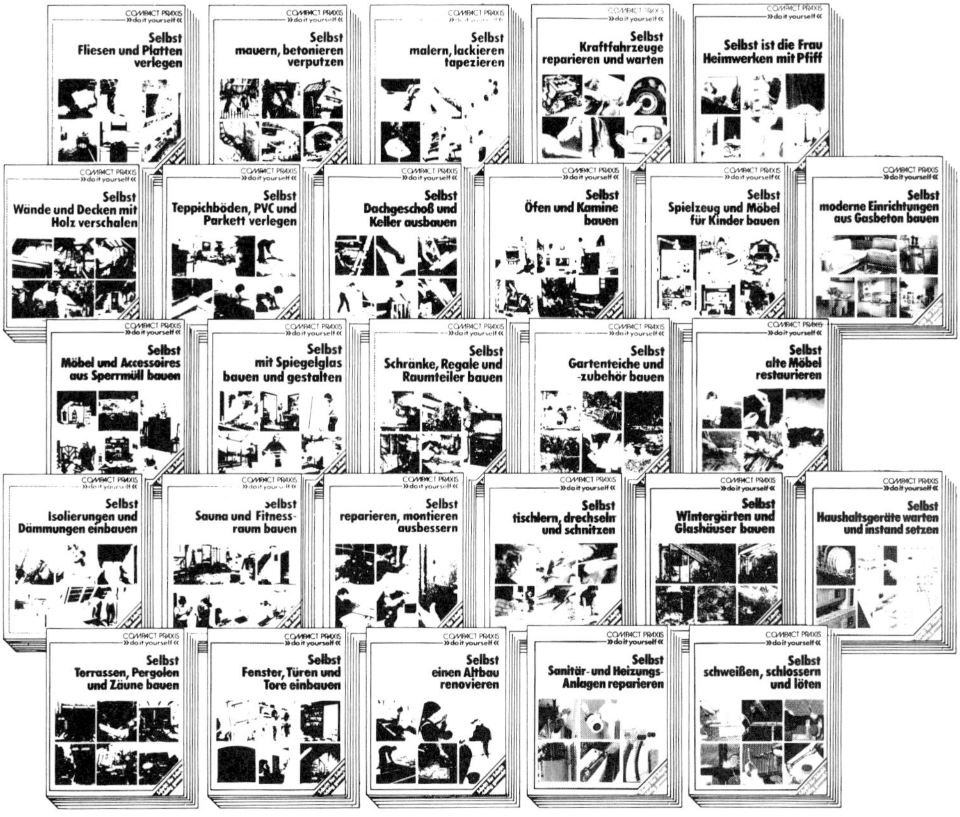

Compact Verlag GmbH · Züricher Str. 29 · 8000 München 71
Telefon 0 89/7 59 10 15 · Telex 17 897 125 · Teletex 897 125
Telefax 756 095

Abbildungsverzeichnis

Die nachstehend in alphabetischer Reihenfolge aufgeführten Firmen haben Bildmaterial zur Verfügung gestellt. Da die genannten Firmen damit zur Gestaltung dieses Buches beigetragen haben, möchte ich ihnen für diese freundliche Unterstützung danken.
Wenn Sie die Materialien dieser Firmen bei Ihrem Fachhändler oder Heimwerker-Markt nicht erhalten, können Sie sich auch direkt an sie wenden. Man wird Ihnen dann die Adressen der nächstgelegenen Vertriebslager und -stellen nennen.

Atelier III
Harderstraße 11
8070 Ingolstadt
Tel.: 0841/910163

bautex Adolf Stöver Söhne KG
Postfach 310120
2857 Langen - Sievern
Te.: 04743/894-0

Flachglas AG
Postfach 100851
4650 Gelsenkirchen
Tel.: 0209/1680

Herholz GmbH & Co. KG
Postfach 1253
442 Ahaus-Wessum
Tel.: 02561/689-0

Hewi
Postfach 1260
3548 Arolsen
Tel.: 05691/820

Hoppe GmbH
Am Plausdorfer Tor 13
3570 Stadtallendorf
Tel.: 06428/703-0

Lugato Chemie
Helbungstr. 60-62
2000 Hamburg 70
Tel.: 040/69407-0

Mea-Meisinger
Postfach 12
8890 Aichach
Tel.: 08251/910

Moralt-Fertigelemente
GmbH & Co.
Postfach 1254
8867 Oettingen
Tel.: 09082/71-0

Normstahlwerk
8052 Moosburg 8
Tel.: 08761/683-42

Roto GmbH
Postfach 100158
7022 Leinfelden-Echterdingen
Tel.: 0711/7598-0

Vegla Vereinigte Glaswerke GmbH
Bildarchiv
Joseph-von-Fraunhofer-Str. 3
5110 Alsdorf
Tel.: 02404/22091

Vekaplast
Dieselstr. 8
4415 Sendenhorst
Tel.: 02526/290

Velux GmbH
Gazellenkamp 168
2000 Hamburg 54
Tel.: 040/54840

Werzalit AG & Co.
Postfach 20
7141 Oberstenfeld
Tel.: 07062/50-0

Wirus Werke
Holzstr. 6 - 10
4830 Gütersloh 1
Tel.: 05241/8710